AF145877

Emil Sax

Das Wesen und die Aufgaben der Nationalökonomie

Ein Beitrag zu den Grundproblemen dieser Wissenschaft

Emil Sax

Das Wesen und die Aufgaben der Nationalökonomie
Ein Beitrag zu den Grundproblemen dieser Wissenschaft

ISBN/EAN: 9783744630658

Hergestellt in Europa, USA, Kanada, Australien, Japan

Cover: Foto ©ninafisch / pixelio.de

Weitere Bücher finden Sie auf **www.hansebooks.com**

DAS

WESEN UND DIE AUFGABEN

DER

NATIONALÖKONOMIE.

EIN BEITRAG

ZU DEN

GRUNDPROBLEMEN DIESER WISSENSCHAFT.

VON

DR. EMIL SAX,

O. Ö. PROFESSOR AN DER K. K. DEUTSCHEN CARL FERDINANDS-UNIVERSITÄT IN PRAG.

WIEN 1884.

ALFRED HÖLDER,

K. K. HOF- UND UNIVERSITÄTS-BUCHHÄNDLER,

ROTHENTHURMSTRASSE 15.

Vorwort.

Die hier der Oeffentlichkeit übergebenen Erörterungen bedürfen einer Einführung bei dem fachmännischen Publikum, welche die Art ihres Erscheinens erklärt und rechtfertigt.

Schon aus dem ganzen Habitus der nachfolgenden Abhandlung dürfte erhellen, dass dieselbe bei ihrer Conception nicht zur Veröffentlichung als Buch bestimmt war. Sie war auf den Abdruck in einer Fachzeitschrift angelegt. Aeussere Umstände vereitelten die Ausführung dieses Vorhabens und es entstand nun für den Verfasser die Frage, ob er das Manuscript im Pulte ruhen lassen oder in einer andern als der ursprünglich beabsichtigten Weise publiciren solle. Die Bedenken, welche gegen Letzteres aus der Form oder dem Umfange der Abhandlung sich ergeben, konnten nur durch Erwägungen zurückgedrängt werden, die sich auf den der Schrift beizumessenden Werth oder mindestens die für sie angehoffte Aufnahme seitens der Fachkreise beziehen.

In den Grundzügen fällt der Inhalt dieser Schrift zusammen mit der Einleitung, welche der Verfasser seinen akademischen Vorlesungen über Nationalökonomie voranschickt; selbstverständlich nach Anbringung

derjenigen Kürzungen, welche die Rücksicht auf fach-
männische Leser gebot, und andererseits einer Reihe
von Zusätzen, die eben diese Rücksicht anregte. In einer
solchen Einleitung muss jeder Vertreter des Faches die
Summe seiner Denkarbeit ziehen und in grundlegenden
Erörterungen zu den fundamentalen Problemen des
Gebietes selbständig Stellung nehmen. Der Zustand, in
welchem sich die Wissenschaft der Nationalökonomie
derzeit befindet, verleiht derartigen, den obersten Prin-
cipienfragen unseres Forschungsfeldes gewidmeten Untersuchungen hervorragende Wichtigkeit. Erst von Gewinnung befriedigender Grundlagen für die verschiedenen Richtungen der nationalökonomischen Forschung
und vollem Einverständnisse der Meinungen hierüber
wird der von allen Seiten ersehnte Fortschritt unserer
Wissenschaft abhängen. Im Augenblicke herrscht unleugbar noch bedauerliche Zerfahrenheit, und auf Beseitigung derselben ist vor Allem das Augenmerk zu
richten. Angesichts solcher Sachlage dürfte jeder
Versuch, jeder Beitrag in gedachtem Sinne, einen gewissen Werth besitzen, wie bescheiden immer die
Ausbeute an definitiven Forschungsergebnissen sei,
welche er bietet.

Mit Rücksicht hierauf glaubte der Verfasser unter
allen Umständen zur Veröffentlichung seiner Abhandlung
schreiten zu sollen, die, für ihn persönlich der Ausdruck abschliessender Erkenntnisse, zu welchen reif-
liches, den Grundproblemen unseres Wissensgebietes
zugewandtes Nachdenken ihn geführt hat, für Andere
mindestens zur Anregung tieferen Eindringens oder aber
des Widerspruches und dadurch für die Wissenschaft
von Nutzen werden kann und werden möge.

Diese Erwägung würde indess an sich vielleicht
nicht genügt haben, die unveränderte Publication der

nachfolgenden Untersuchungen in vorliegender Form zu
motiviren, wenn nicht ein anderer Umstand geeignet
wäre, jedwedes formale Bedenken in den Hintergrund
zu drängen. Es ist dies die für uns Oesterreicher hoch-
erfreuliche Thatsache, dass gerade gegenwärtig durch
das Werk eines heimischen Forschers die Aufmerksamkeit der deutschen Wissenschaft mit zwingendem
Nachdrucke wieder auf die fundamentalen Fragen der
Natur, der Methoden und der Systematik der Volkswirthschaft und überdies in einer Weise gelenkt worden ist,
welche die Bürgschaft nachhaltiger Wirkung in sich trägt.
Dadurch erscheint eben dermalen allgemein die Empfäng-
lichkeit für Studien der obgedachten Art neubelebt,
so dass ähnliche Arbeiten einen bereits vorbereiteten
Boden vorfinden, auf welchen fallend schon allgemeine
Sätze (ohne Ausführung ihrer Consequenzen) oder blosse
Andeutungen den nämlichen Effect hervorbringen und
die gleiche Würdigung erfahren, wozu sonst erst das
Eingehen in alle Details führen würde. Mit dieser
Gunst der Umstände rechnet die vorliegende Publi-
cation und mit Hinblick auf dieselbe will sie auch
beurtheilt sein.

Indem man solchergestalt an vorausgegangene
Arbeiten anknüpft, deren Kenntniss ohnehin bei jedem
Fachkundigen vorauszusetzen ist, überall da, wo man
sich in Uebereinstimmung mit ihnen befindet, ausdrücklich oder stillschweigend auf denselben fusst, und nur
da ausführlicher wird, wo man jene weiterführt oder
überhaupt Selbständiges darbietet, entgeht man un-
ökonomischer Breite, welche zwar starke Bände producirt, aber schliesslich doch nur auf Weitwendigkeit
der Diction, Paraphrase der Gedanken Anderer und
(nicht selten mit Citatenhäufung verbrämte) Wieder-
holung von bereits Bekanntem hinausläuft.

Solches zu vermeiden war ebensowohl grundsätzliche Absicht des Verfassers, wie schon durch die anfängliche Bestimmung dieser Blätter geboten.

Die so erzielte Knappheit des Ausdruckes und Einschränkung des Raumes wird der vielbeschäftigte Leser gewiss gebührend zu schätzen wissen, und letztere Erwägung war ein Grund mehr, die Abhandlung auch im vorliegenden Gewande bei ihrer ursprünglichen Gestalt zu belassen.

Prag, am Neujahrstage 1884.

Dr. Emil Sax.

INHALT.

—

I.

Die Nationalökonomie befindet sich gegenwärtig
in einem durchgreifenden Umwandlungsprocesse. Die
ältere Doctrin, welche von so Vielen als unumstösslich
wie ein Dogma angesehen wurde, ist theils als unzureichend, theils als unhaltbar erkannt worden. Es gilt,
an ihrer Statt etwas Neues zu schaffen; eine neue
Wissenschaft, verschieden von der alten nach Grundauffassung, Umfang, Zweck und Behandlung. Eine
Anzahl von Forschern finden wir eben beschäftigt, an
einer Neubegründung unserer Wissenschaft mitzu-
arbeiten. Und in der That, die Unzulänglichkeit dessen,
was noch in den fünfziger und sechziger Jahren als
Volkswirthschaft tradirt wurde, ist heute allgemein
anerkannt, u. zw. in dem Sinne, dass nicht etwa blos
neue wirthschaftliche Ereignisse, die Ergebnisse der
ökonomischen Entwicklung, eine Ergänzung und theilweise Richtigstellung der alten Lehren erfordern,
sondern — um ein beliebtes Bild zu gebrauchen —
ein Neubau von Grund aus in's Werk gesetzt werden
müsse. Ueberall ist dies zur wissenschaftlichen Ueberzeugung geworden, selbst in England, dem Heimatlande
der *Political Economy*, die noch ein J. St. Mill als
eine bis auf *some unsettled questions* abgeschlossene
Wissenschaft betrachtet hat.

Die Verursachung dieses Umschlages ist derzeit auch bereits mit Sicherheit zu überblicken.

Wenngleich jene strengen Kritiker über's Ziel schiessen, die der Summe von Erkenntnissen und Lehrmeinungen, welche das System der alten National-ökonomie bilden, den Charakter einer Wissenschaft überhaupt absprachen — [ein Urtheil, welches man namentlich in Juristenkreisen zu hören bekam —] so ist doch sicher, dass diese Doctrin den Erfordernissen strenger Wissenschaftlichkeit vielfach nicht entsprach. Unklar über ihren eigenen Umfang, ja selbst über ihre Stellung im Reiche der Wissenschaften, unklar ferner über die dem Wesen des betreffenden Wissensgebietes adäquaten Methoden und deren Consequenzen, stümper-haft in ihren Begriffsbestimmungen, die nicht selten blosse Tautologien oder *petitiones principii*, schwankend in der Terminologie, [so dass die Controversen zum Theil lediglich auf Wortstreit hinauslaufen,] verfiel sie insbesondere in den Fehler, Theorien, welche nur einen Theil der Erscheinungen oder eine Seite der-selben erfassen, als die Fülle der Erscheinungen der Wirklichkeit umfassend und erschöpfend anzusehen, und überdies jene Thesen als ökonomische Gesetze zu proclamiren, denen sich das Leben in Einzel- und Ge-meinwirthschaft unterordnen müsse.

Theorie und Praxis der Volkswirthschaft geriethen dadurch in einen Gegensatz, der, eine Zeit lang latent und nur in gelegentlichen Aeusserungen zu Tage tretend, in denen Praktiker ihre Geringschätzung der angeblich völlig werthlosen Theorie bekundeten, oder umgekehrt ein Theoretiker die Praxis, z. B. der Finanz, als einen Wust ungereimten Zeugs erklärte, schliesslich in einem Grade offenbar wurde, wie ein solcher kaum je auf einem anderen Gebiete dagewesen sein dürfte, und

durch noch so schöne Dicta, wie z. B. das durch
Hock's Motto zu seinen „Oeffentlichen Abgaben und
Schulden" weithin bekannt gewordene, nicht zu über-
winden war.

Die Kluft, welche sich da zwischen Wissenschaft
und Leben aufthat, ward der unmittelbar mächtigste
Anstoss der Reformbewegung.

Die letztere hat bis jetzt mehrere Richtungen
eingeschlagen. Einzelne von diesen, im Zusammenhange
der eben gedachten Entwicklung wohlberechtigt, oder
mindestens erklärlich als Reaction gegen den früheren
Zustand, stellen an sich doch wieder Einseitigkeiten
dar, so zwar, dass auch sie nur erst als Durchgangs-
stadien erscheinen.

Zum schärfsten, aber auch, wie uns scheint,
schiefsten Ausdrucke gelangt finden wir diese Reaction
in der historischen Schule deutscher Volkswirthe,
welche, wenn sie nicht Wirthschaftsgeschichte mit
Wirthschaftstheorie identificirt und letztere dadurch
auf erstere reducirt, doch mindestens unserer Zeit den
Beruf zur Gewinnung einer befriedigenden Theorie
der Volkswirthschaft auf so lange abspricht, bis erst
das Feld der Wirthschafts-Geschichte und -Statistik
gehörig bebaut, d. h. eine unabsehbare Zahl von Forschungen der letztgedachten Art vollbracht sein werde.
Ein Menschenalter wäre hiezu ein viel zu kurzer Zeit-
raum. Andere, welche nicht in ein solches Extrem
verfallen, wollen doch die Erscheinungen des ökonomischen Lebens lediglich auf dem Wege „realistischer"
Forschung theoretisch bewältigt wissen, deren Ergebnissen sie allerdings auch nur relative Giltigkeit
beimessen.

Grossen Antheil an der Erschütterung der Position der alten Nationalökonomie hatten anderer-

seits bekanntlich die Angriffe der socialistischen Kritiker, und unter diesen Einflüssen sehen wir wieder Manche an eine neue Grundlegung der Doctrin mit bestimmter socialpolitischer Tendenz gehen. Dass auf solche Weise die Theorie eine subjective Färbung erhält, welche der strengen, objectiven Wissenschaftlichkeit Eintrag thut, ist klar. Auch noch vereinzelten anderen Richtungen begegnen wir in der Literatur, die uns nur in ihrer negativen Seite befriedigen.

Entscheidend, aber auch positiv bestimmend, für den Umschwung auf unserem Gebiete bleibt das Aufkommen der Socialwissenschaft, als deren Eltern uns die Culturgeschichte und die Philosophie erscheinen. So sehr auch diese Errungenschaft des menschlichen Geistes sich noch in den Anfängen einer selbständigen Wissenschaft befindet: für die Neubegründung der Volkswirthschaft ist sie doch massgebend und bis jetzt auch bereits von bedeutendem Erfolge gewesen. In den Werken einzelner nationalökonomischer Autoren finden wir schon früher die betreffende Anschauungsweise hie und da gleichsam unwillkürlich durchbrechen, aber erst seit der socialwissenschaftliche Standpunkt mit jener weiten Ueberschau, welche er gewührt, forschend erklommen (wenngleich für das Gesammt-gebiet der einschlägigen Erscheinungen noch keineswegs endgiltig festgestellt) war, konnte man daran gehen, denselben mit bewusster Grundauffassung auch in der Volkswirthschaft in's Einzelne zu verfolgen. Damit war fester Boden für den Neubau gewonnen, dessen Fundamente jetzt mit einem grossen Gesammt-gebiete menschlichen Wissens fest verwachsen sind und eben deshalb für den systematischen Aufbau in seiner harmonischen Gliederung bestimmend werden.

Hier liegt auch das Einigungsmoment für die
verschiedenen, bis nun disparaten Richtungen, und es
erübrigt nur mehr die Aufgabe, diese als arbeitstheilige
Gesammtbethätigung zu dem Einen gemeinsamen Ziele
zu fassen.

Ein österreichischer Autor hat vor Kurzem durch
ein höchst bedeutsames Werk [1]) in diesem Sinne ge-
wirkt, in welchem er zwar hauptsächlich behufs Be-
kämpfung der Irrthümer der historischen Schule deutscher Volkswirthe die verschiedenen Methoden socialwissenschaftlicher und somit nationalökonomischer
Forschung in ihrem Verhältnisse zu einander klar-
legt und insbesondere der in letzter Zeit so allgemein
missverstandenen und missachteten exacten Methode
wieder den ihr gebührenden Platz sichert, nicht minder
aber in Bezug auf das Wesen der nationalökonomischen
Wissenschaft und ihrer Theile, ihre Systematik etc.
fördernde Erörterungen gibt. Auch in Deutschland
zeigen sich ähnliche Bestrebungen; Zeuge dessen die
Abhandlungen Dietzel's [2]), der sich mit Menger,
obschon er weniger tief geht, in seinen Intentionen
mannigfach berührt. Die nachstehenden Untersuchungen
sollen dem gleichen Zwecke dienen.

---

[1]) Menger, „Untersuchungen über die Methode der Socialwissenschaften und der politischen Oekonomie insbesondere", Leipzig
1883.

[2]) „Ueber das Verhältniss der Volkswirthschaftslehre zur Socialwirthschaftslehre", Berlin 1882, und „Der Ausgangspunkt der Socialwirthschaftslehre und ihr Grundbegriff", Zeitschr. f. d. ges. Staatsw.,
1883, I.

II.

Ueber das Wesen der Erscheinungen, deren Inbegriff Volkswirthschaft genannt wird, ist im Allgemeinen der Sache nach zur Zeit wohl ausreichende
Uebereinstimmung der Forschung erzielt, wenngleich
die von den Autoren gebrauchten sprachlichen Wendungen differiren oder dem Gemeinten zuweilen in-
adäquat sind. Wir haben es mit einer eigenen Kategorie
von S o c i a l erscheinungen zu thun, bei der Theorie
der Volkswirthschaft also mit einem Zweige der Socialwissenschaft; e i n e r Socialwissenschaft. Die geradezu
wissenschaftswidrigen Anläufe, die Nationalökonomie
zu d e r Socialwissenschaft zu erweitern, sind —
erklärlicher Weise — bei den ersten Schritten
stecken geblieben; man sehe z. B. S a y mit seiner
einleitenden Erklärung der politischen Oekonomie als
der Wissenschaft „über die Natur und Functionen
der verschiedenen Theile des socialen Körpers" [1],
den gelegentlichen Wendungen, wie: „die politische
Oekonomie kann allein die wahren Beziehungen
in's Licht setzen, welche die Menschen in der
Gesellschaft aneinander knüpfen," dann der „immateriellen Production", während doch seine Lehren

---

[1] *Cours complet*, Introduction und passim

nichts anderes umfassen, als was man eben wirthschaftliche Erscheinungen nennt. Gleichwie ja auch jene
Autoren, welche mit der Voranstellung der immateriellen Güter dem denkenden Leser die Aussicht eröffnen,
in der Nationalökonomie das Recht, die Ethik, das
Wesen des Staates und andere Socialerscheinungen
abgehandelt zu finden, diese Consequenz ihrer Begriffsbestimmung zum Glück auf der nächsten Seite bereits
wieder vergessen. Bis aber die Socialwissenschaften
so weit gediehen sind, dass es geboten ist, die ökonomischen Erscheinungen als integrirenden Theil einer
Gesammtwissenschaft von den Socialerscheinungen im
Zusammenhange mit allen diesen — und lediglich
dergestalt — zu verfolgen, dürfte noch geraume Zeit
verfliessen. Vorderhand bieten die verschiedenen Arten
von Socialphänomenen noch so umfassende Stoffesfülle
und Aufgaben für selbständige Disciplinen, dass vorerst diese Arbeit zu bewältigen ist, ehe mit sicherem
Erfolge an die endgiltige Zusammenfassung zu einer
einheitlichen Socialwissenschaft gegangen werden
kann.[2]) Freilich müssen wir andererseits inzwischen
auf den bereits errungenen Resultaten allgemein-
socialwissenschaftlicher Forschung fussen, die zu
jener auf den Specialgebieten in einem Verhältnisse
wechselseitiger Befruchtung steht.

---

[2]) Damit soll der Werth der Arbeiten Spencer's und
Schäffle's keineswegs bestritten sein, wenngleich diese bedeutsamen
Werke vorläufig mehr die Aufgabe in ihrer ganzen Grösse und nach
allen ihren Seiten zeigen, als deren richtige Lösung. Ueber die aus
dem Reiche der organischen Natur herbeigezogenen Analogien als
Behelf für den gedachten Zweck haben wir unsere Meinung bereits
in den „Verkehrsmitteln", II. Bd, S. 77, ausgesprochen. Uebrigens
hat Schäffle dieselben ja selbst als etwas Aeusserliches zugegeben.
Vgl. „Bau und Leben etc.", I., Einleitung, S. VIII.

Der Terminus „Volkswirthschaft" erschiene nicht gerade verwerflich, um auszudrücken, dass man es mit bestimmten Lebensäusserungen des Menschen als socialen Wesens zu thun hat. Denn Niemand, auch von denjenigen, welche es durch eine verunglückte Definition vorzuhaben scheinen, nimmt den Ausdruck im Wortsinne seiner beiden Bestandtheile (obschon die weitverbreitete Neigung zu ausschliesslich collectiver Auffassung und Behandlung der ökonomischen Dinge, der wir noch zu gedenken haben werden, dazu veranlassen kann), und es ist auch ein entschieden nicht zu billigender Vorschlag, unter jenem Namen die strict vom Volke als Ganzem ausgehende wirthschaftliche Bethätigung als Gegenstand nur eines Theiles der Disciplin herauszugreifen, dagegen die durch die selbständige Bewegung und Berührung der Einzelwirthschaften entstehenden Erscheinungen als Socialökonomie voranzustellen. [3]) Auch die Aeusserungen des Volkes und seines Organes, des Staates, als Wirthschaftssubject sind selbstredend sociale, gehören also einer Socialökonomie im vollen Sinne des Wortes an, und wer gleichbedeutend mit diesem fremdsprachlichen Worte die Bezeichnung Volkswirthschaft braucht, wird, wie gesagt, gewiss auch das Spiel der Singularwirthschaften im Volke sich nicht an der Grenze des einzelnen concreten Staates unterbrochen denken.

Also die Wirthschaft als grossartiges, höchst complicirtes Socialphänomen, richtiger ein Complex von Socialphänomenen eigener Art.

— Welcher? —

---

[3]) Dietzel, a. a O. Diese abweichende Ansicht hindert uns nicht, Dietzel in dem kritischen Theile seiner Ausführungen vielfach zuzustimmen.

Was unter Wirthschaft, wirthschaften, wirthschaftlicher Thätigkeit inbegriffen, darüber ist Einigkeit noch keineswegs erzielt. So z. B. ist es noch streitig, ob, respective wie weit die Consumtion darunter einzubeziehen sei. Im Allgemeinen indess denkt man wohl bei den verschiedenen Definitionen der einzelnen Autoren an das Nämliche, wie begründeten Ausstellungen dieselben ihrem Wortlaute nach auch immerhin unterliegen mögen. [*)]

Nur bei Einem hieher einschlägigen Punkte wollen wir einen Augenblick verweilen, weil er uns allseits zu wenig beachtet erscheint.

Dem Sinne nach kommen die meisten, dem Worte nach viele der Forscher überein, unter Wirthschaft die Thätigkeit des Menschen zu verstehen, welche auf die Erlangung (und Verwendung?) materieller Mittel zur Befriedigung seiner Bedürfnisse (Güter) gerichtet ist. Diese Begriffsbestimmung schliesst, genau genommen, eine Seite der menschlichen Bethätigung ein, welche in der Lehre der Volkswirthschaft — auch in weitester Ausdehnung der letzteren — keine Stelle findet, finden kann: nämlich die Technik. Der Vorgang Hermann's, welcher die Scheidung zwischen Technik und Oekonomie u. W. erstmals scharf betont und in den Vordergrund stellt, hat nicht entsprechende Beachtung gefunden. Wohl deshalb, weil durch das Ausgehen Hermann's von der isolirten Wirthschaft und lediglich dem Streben des Menschen nach Selbsterhaltung, sowie durch die oftmalige Wendung „quantitative

---

[*)] Einer Kritik der verschiedenen Definitionen der Wirthschaft sind wir dadurch enthoben, dass wir gleich auf Dietzel (Zeitschr. f. d. g. St., S. 22 ff.), und zwar grossentheils beistimmend, verweisen können. Menger a. a. O., S. 238 ff., fasst sich in diesem Punkte allgemein.

Bemessung" der Güter in der einzelnen Wirthschaft, in welcher doch auch eine qualitative Würdigung derselben aus ökonomischen Rücksichten stattfindet, die Grenzlinie zwischen beiden Gebieten nicht befriedigend gezogen, sondern hiebei die Wirthschaft verkürzt schien.

Wir meinen dem Sachverhalte mit folgender Erwägung näher zu kommen, durch welche wir den „Ausgangspunkt der menschlichen Wirthschaft" gewinnen.

Die Natur, die dem Menschen gegenüberstehende Aussenwelt, bedingt dessen Leben als Quelle der Stoffe und der diesen innewohnenden Kräfte, welche der Mensch seinem Dasein fortwährend einverleiben muss. Diesem Abhängigkeitsverhältnisse gegenüber verhält sich die Natur theils entgegenkommend, theils passiv, theils widerstrebend.

Einerseits bietet sie dem Menschen eine Anzahl von Stoffen in solcher Beschaffenheit dar, dass der Mensch nichts weiter als einen einfachen Kraftaufwand nöthig hat, um dieselben unmittelbar in sein Leben einzubeziehen, andererseits lässt sie den Menschen ihre Stoffe in solche Verbindung bringen, dass daraus neue Stoffe entstehen, welche erst zu unmittelbarer Einverleibung in das menschliche Dasein geeignet sind, und endlich wendet sie ihre Kräfte in feindseliger Weise gegen den Menschen, so dass dieser genöthigt ist, Schutzvorkehrungen dagegen zu treffen. (Occupation — Production i. e. S. — Conservirung). Alle diese Vorgänge sind, an sich betrachtet, ein Umsatz von Stoffen und Kräften, also reine Naturvorgänge, bei welchen uns der Mensch und seine Kraft als Naturding erscheint; der Mensch bringt immer entweder unmittelbar seinen Körper in Verbindung mit

anderen Naturdingen, oder vorerst verschiedene Stoffe
der äusseren Natur miteinander in bestimmte Verbindung, aus welchen beiden Verbindungen dann eine
Kraftäusserung, resp. Stoffwandlung entsteht, die dem
Naturprocesse dient, welchen wir menschliches Leben
nennen. Die bewusste Bethätigung des Menschen in
dieser Richtung, auf Grund der Erkenntniss der Naturerscheinungen, heissen wir Technik. Sie ist an sich
eine physikalische Erscheinung.

Das Pflügen des Feldes, das Säen, Ernten, das
Mahlen des Getreides, die Bereitung des Brodes u. s. w.,
alles „Thätigkeiten, gerichtet auf Erlangung von
Mitteln zur Befriedigung des (Nahrungs-) Bedürfnisses,“
zählen hieher, sind Fälle technischer Thätigkeit. Aber
sie haben zugleich eine ökonomische Seite, sind zugleich ökonomische Erscheinungen. Sie werden dies,
insofern sie durch den Zweck, welchem die Bedürfnissbefriedigung dient, eine bestimmte Richtung erhalten.

Jene Naturvorgänge werden nämlich durch den
Menschen veranlasst in Folge einer Eigenthümlichkeit
seines Wesens, die wir „Trieb“ nennen. Wir scheiden:
erstens den Erhaltungstrieb, sowohl auf das Individuum als auch auf die Gattung sich beziehend, dem
Menschen gemeinsam mit dem Thiere. Sodann das
Streben, über die blosse Erhaltung — das Leben als
Selbstzweck — hinaus dasselbe zu einem Reiche
höherer Zwecke zu gestalten und eben die Aussenwelt
diesem reichen Zweckleben dienstbar zu machen: Cultur-
trieb (Fortschritts-, Vollkommenheits-, Entwicklungs-
trieb), dem Menschen allein eigen. Beim ersten haben
wir einen Umsatz von Naturstoffen in das rein Ani-
malische des Menschenlebens, beim zweiten zugleich in
etwas Höheres, Geistiges. Es ist nicht Sache unserer
Disciplin, die Geheimnisse dieser Erscheinung aufzu-

hellen; wir fussen auf ihr als etwas Gegebenem. In beiden Hinsichten ist das Streben des Menschen ein unendliches. Der Erhaltungsbetrieb wird durch die Fortpflanzung zu einem unbegrenzten Expansionsstreben der Menschheit, und das bewusste, über den Instinct sich erhebende, vernünftige Zweckstreben des Menschen ist gleichfalls ein ungemessenes.

Dem steht nun die endliche, beschränkte Aussenwelt als Bedingung gegenüber, und aus diesem Verhältnisse geht die Nothwendigkeit hervor, jenen Umsatz so anzulegen, dass mit dem mindesten Aufwande von Naturstoff und Menschenkraft das erreichbar höchste Mass von Lebensförderung erzielt werde, was bekanntlich — nach Schäffle — als das „ökonomische Princip", „Princip der Wirthschaftlichkeit", „wirthschaftliche Maxime" bezeichnet worden ist. Die menschliche Thätigkeit, soweit sie diesem Gesichtspunkte entspricht, heissen wir Oekonomie. Die so bestimmten Ausflüsse des Strebens des Menschen nach Erhaltung und Entfaltung seines Daseins, das damit gegebene Verhalten des Menschen behufs Sicherung der äusseren Bedingungen seiner Existenz (im vollen Inhalte derselben), sind die ökonomischen Erscheinungen, z. B. Werthanschlag, Kostenrechnung, Arbeitstheilung. Nur sofern obige technische Thätigkeiten Fälle dieser ökonomischen Kategorien darstellen, gehören sie hieher.

Mit Anführung der Arbeitstheilung haben wir aber sofort noch ein weiteres Moment berührt, welches zum Wesen der menschlichen Wirthschaft gehört, nämlich dass jene Gestaltung des menschlichen Triebstrebens erst in den socialen Beziehungen ihr Gepräge erhält, welche sie schafft. Der Mensch wirthschaftet nicht als isolirtes Wesen; eine Einzelwirthschaft im stricten Sinne des Wortes ist eine Abstraction. Sein

Wirthschaften geht vor sich in jener Lebensgemein-
schaft, die eben alle Seiten seines Daseins umfasst,
und somit auch eigenthümliche Gebilde als Resultate
der in ihr zur Wirksamkeit gelangenden obgedachten
psycho-physischen und psychischen Kräfte erzeugt.

Zweierlei sind offenbar die Beziehungen, welche
sich zwischen den Menschen bei ihrem wirthschaftlichen
Handeln entspinnen: divergirend und convergirend.
Einerseits müssen bei jenem Umsatz von natürlichem
Dasein in persönliches in Folge der Beschränktheit
des ersteren und der Unbeschränktheit des letzteren
die Menschen von einem gewissen Punkte an in Widerstreit gerathen, sobald die Einverleibung von Natur
in das persönliche Bereich des Einen den Anderen
eben davon ausschliessen würde, und es entsteht dadurch, was wir in der belebten Welt ausserhalb des
Menschen wahrnehmen: ein „Kampf um's Dasein".
Andererseits ergibt sich eine Coincidenz gleichartiger
wirthschaftlicher Bestrebungen verschiedener Individuen, die Möglichkeit gegenseitiger Ergänzung, die
eine Willensübereinstimmung und sohin einverständ-
liches Handeln in bestimmter Richtung hervorruft.
Ferner legt es sich dem Menschen schon durch die
natürlichen Beziehungen, welche sich durch die Fort-
pflanzung ergeben, nahe, in Verbindung, gegenseitiger
Unterstützung die Aussenwelt zum Zwecke der Daseins-
Erhaltung und -Entfaltung besser zu bewältigen. Die
Familie wird von Anfang an eine wirthschaftliche
Institution. Und hieran schliessen sich andere, freie
Combinationen der Einzelkräfte zu gleichem Ziele.
Ueber die einfachen ursprünglichen Verbindungen bauen
sich umfassende Verbände, anfangs zu collectiver
Führung des Daseinskampfes, dann zugleich zu gegen-
seitiger Förderung ihrer Glieder in ihrer wirthschaft-

lichen Bethätigung, und die freie Cooperation wiederholt sich, territorial, numerisch und gegenständlich
stets erweitert, in's Unendliche, wieder zugleich ein
Mittel des Existenzkampfes.

So entstehen specifisch wirthschaftliche Socialgebilde, wie: die Arbeitstheilung, die Tauschbeziehungen,
die Concurrenz, und andere Socialgebilde erhalten eine
wirthschaftliche Seite; die Familie wird Haushalt, die
Gemeinde zum Markte und einer Wirthschaftsgenossen-
schaft für eine Reihe von Zwecken, der Staat zum
„Wirthschaftsfactor". Die Fülle dieser Erscheinungen
liefert den Hauptstoff der Wirthschaftswissenschaft.

Versuchen wir, das Gesagte in einen Satz zu-
sammenzufassen, so gelangen wir etwa zu der Definition: Volkswirthschaft ist die aus dem Streben nach
Sicherung der äusseren Existenzbedingungen sich er-
gebende Bestimmung des (technischen) Handelns und
der socialen Beziehungen der Menschen. Leicht wird
Jemand eine bessere Wendung finden; was wir in der
Sache selbst meinen, dürfte genügend klar sein. Soweit
das auf Befriedigung der Bedürfnisse gerichtete Handeln
von der Beschaffenheit der Naturdinge, resp. ihrer
Erkenntniss, bestimmt ist, sprechen wir von Technik.
Soweit dasselbe in jenem Verhältnisse der beschränkten
Natur zu unserem instinctiven und vernünftigen Zweckstreben sein treibendes Agens hat, nennen wir es
Oekonomie. Eigenthümliche sociale Beziehungen danken
diesem ihren Ursprung und sind dadurch zu erfassen.[6])

---

[6]) Wir meinen hiermit dem Sinne nach mit Rodbertus,
„Zur Erkenntniss unserer staatswirthschaftlichen Zustände", 1842,
S. 4—6, theilweise übereinzustimmen Ueberhaupt hätten jene Erörterungen von Rodbertus die volkswirthschaftliche Theorie in
einer Reihe von fundamentalen Einsichten auf den richtigen Weg
weisen können, wenn sie nicht durch Jahrzehnte völlig ignorirt worden

Dass eine präcise Unterscheidung von der Technik Noth thut, wird angesichts von Sätzen, wie z. B. dem Mangoldt's[6]: „Die gesammte Bethätigung eines Subjectes in der Richtung, die Gegenstände und Verhältnisse der Aussenwelt den persönlichen Bedürfnissen entsprechend zu gestalten, nennen wir Wirthschaft," wohl nicht bestritten werden.

Dass aber auf der anderen Seite wieder nicht blos „die Beziehungen, welche rücksichtlich der wirthschaftlichen Thätigkeit zwischen den Gesellschaftsmitgliedern bestehen"[7], das Wesen der Volkswirthschaft ausmachen, also jene Momente, welche die technische Bethätigung als concrete Motivation und Richtung gebend ganz allgemein und somit auch in jeder Singularwirthschaft begleiten, keineswegs etwa

wären. Nur scheint uns die von R. gebrauchte Ausdrucksweise, in der er bezüglich des Wesens der Oekonomie von dem engeren Sinne des gewöhnlichen Sprachgebrauches ausgehend, die Arbeit als nicht zur Wirthschaft gehörend bezeichnet, eine verfehlte. Er meint damit die technische Bethätigung, „von der einfachsten Handlung der Occupation, von dem blossen Handausstrecken nach einer Frucht oder dem Aufheben eines Steines bis zu der complicirten Kraftanstrengung, die eine Dampfmaschine producirt." Indem er aber sofort die Mass- und Richtungsgebung hervorkehrt, welche der Mensch in dieser seiner Bethätigung erfährt durch das „natürliche Missverhältniss zwischen der Unendlichkeit und Unersättlichkeit seines Begehrungsvermögens und seiner Arbeit, seiner beschränkten Kraft und beschränkten Zeit," in Folge dessen „wirthschaftliche" Güter nur solche sind, die Arbeit kosten, macht er ja selbst die Arbeit in dieser Hinsicht zu einer wirthschaftlichen Kategorie. Es kommt aber als „Grund jeder Wirthschaft" nebstdem auch noch die Beschränktheit der Aussenwelt gegenüber dem Zweckstreben des Menschen in's Auge zu fassen.

[6]) Grundriss, § 5.

[7]) Cossa, „Einleitung in das Studium der Wirthschaftslehre", I. Cap.

aus dem Begriffe der Wirthschaft auszuscheiden wären, um sie vielleicht der Technik zu überweisen, wird bei eingehender Betrachtung alsbald ausser Zweifel gestellt. Denn die socialen Beziehungen unseres Gebietes fussen erst auf jenen allgemeinen Erscheinungen des menschlichen Strebens und Handelns, die dann in ihnen gewisse Erscheinungsformen gewinnen, z. B. der Werth die Erscheinungsform des Tauschwerthes und des Collectivwerthes. Und so weit die socialen Zusammenhänge sich nicht geltend machen, verschwinden jene ja nicht, sondern bleiben eben Realität, so zwar, dass es ganz gut ausführbar erscheint, die betreffenden Kategorien an dem Bilde einer fingirten Einzelwirthschaft darzustellen. Liegt doch der Reiz der Robinsonade zum Theile darin, dass sie als nicht unmöglich erscheint.[8])

Aber auch in einer durchaus socialistisch eingerichteten Wirthschaft müssten sich diese Grunderscheinungen wiederfinden.[9])

---

[8]) Uebereinstimmend mit uns Menger l. c. in seiner Zurückweisung der Ansicht von J. St. Mill, dass die Privatwirthschaft als solche kein Gegenstand der Wissenschaft, sondern bloss der Kunst sei.

[9]) Wenn Dietzel (Zeitsch. f. d. g. St., 1883, S. 9) „die Lehre von den allgemeinen Verkehrserscheinungen und Verkehrsbegriffen" als den Inhalt der „Socialwirthschaftslehre" bezeichnet, so halten wir ihm nicht nur, wie bereits oben, den Einwand entgegen, dass das wirthschaftliche Leben der Gesellschaft sich nicht in den Beziehungen der Einzelwirthschaften zu einander und den daraus hervorgehenden Erscheinungen erschöpft, sondern erachten einzelne der von ihm l. c. selbst angegebenen ökonomischen Kategorien, nämlich Gut, Werth, Capital, als solche, welche keineswegs blosse Verkehrserscheinungen, resp. Verkehrsbegriffe, sind (Verkehr im Sinne von regelmässigen Beziehungen der Einzelwirthschaften), vielmehr allgemeine ökonomische Erscheinungen, resp. Grundbegriffe, darstellen,

Auch unsere Begriffsbestimmung scheint der Einwand[10]) zu treffen, dass das Kriterium der damit um-
schriebenen Bethätigung kein specifisches, sondern die
auf unseren Prämissen beruhende Motivation menschlicher Thätigkeit jedem vernünftigen Handeln eigen
sei. Jede vernunftgemässe Bethätigung sei dahin gerichtet, mit einem Minimum von Anstrengung oder
Opfer ein Maximum von Effect zu erzielen. So richtig
es nun auch ist, dass mit dieser Qualification allein
wirthschaftliches Handeln von anderem Thun nicht
abgegrenzt, der Begriff der Wirthschaft sohin damit
allein nicht gewonnen werde — es fehlt dann eben
noch Zweck und Object der bestimmten Bethätigung
— so wenig vermöchten wir die Beobachtung jenes
Principes als *a priori* dem Vernünftigen inhärent
anzuerkennen.

Nur **weil** es ökonomisch ist und ökonomisches
Handeln die Bedingung höchstmöglicher Zweckerreichung, ist es vernünftig. Die technische Bethätigung
als solche ist sicher vernünftig, insofern sie das ge-
eignete Mittel für den Zweck wählt, aber an und für
sich noch nicht ökonomisch; sie kann auch unökono-
misch sein oder gegenüber dem Oeconomischen sich
indifferent verhalten. Oeconomische Handlungen sind

---

die in einer isolirten Singularwirthschaft ebensowohl, wie in einer
communistischen Wirthschaft wirksam werden. Ueberhaupt müsste
nach der Auffassung, wie sie Dietzel vertritt, jene „Socialwirth-
schaft" lediglich den privatwirthschaftlichen Vertheilungsprocess
darstellen, so dass die Production ganz entfiele. Das zeigen auch die
Wendungen l. c S. 3—5, wobei überdies die collective Behandlung
(„Antheil der activen wirthschaftlichen Classen") in Anlehnung an
Ricardo sich irreleitend geltend macht.

[10]) Dietzel, ebenda, S. 29.

auch nicht durchwegs von anderen verschiedene, ausschliesslich so qualificirte Handlungen, sondern die
Oekonomie ist eine Seite unseres (technischen) Handelns
und nur einzelne Handlungen entstammen lediglich
den ökonomischen Bestrebungen.

Obige Ansicht muss dann allerdings consequent
nur die letzteren als wirthschaftliche Handlungen erklären, eine Begriffsbestimmung der Wirthschaft als
Inbegriff dieser Handlungen ist aber sicherlich zu
eng, nur für die aus den Beziehungen der Einzelwirthschaften zu einander entstehenden Erscheinungen
ausreichend. [11])

In Parenthese mag hier bemerkt werden, dass
das vorhin Erwähnte insbesondere auch auf das Ver-

---

[11]) Wenn Dietzel a. a. O. zur Bestärkung seiner Ansicht noch
das Argument braucht: „Jede Handlung ist gerichtet auf eine Bedürfnissbefriedigung; gibt es also ein besonderes ökonomisches
Princip, so kann dasselbe nur bestehen in der Anwendung dieses
jeder menschlichen Handlung immanenten, allgemeinen Vernunft-
principes der Bedürfnissbefriedigung auf vorher zu bestimmendes
wirthschaftliches Bedürfniss," und damit einen zweifachen Begriff
Bedürfniss, im allgemeinen und im ökonomischen Sinne, statuirt, so
scheint uns das ein Irrthum, dessen wir mit Rücksicht darauf gedenken, weil überhaupt die Verschwommenheit des Begriffes Bedürfniss in der Volkswirthschaftstheorie zu mancher Unklarheit führt.
Bedürfniss fassen wir auf als die concreten (instinctiven und be-
wussten) Zwecke des Menschen in ihrer Abhängigkeit von der Aussenwelt als Quelle der Mittel. Das so aufgefasste „Bedürfniss" umfasst
die „Wünsche, Bedürfnisse (im Sinne von „nothwendigen" Bedürfnissen), Zwecke oder Interessen" (Neumann im Schönborg'schen
Handbuch), denen die „Güter" entsprechen. Dies ist der oberste
Grundbegriff, welcher sich aus dem Begriff der Oekonomie direct ab-
leitet. Nur diesen wirthschaftlichen Begriff können wir in unserer
Wissenschaft brauchen, der abweicht sowohl von dem des gewöhnlichen Sprachgebrauches, als auch von dem allgemeinen eines Hand-
lungsmotives (wie oben bei Dietzel).

hältniss der Oekonomie zur Consumtion Anwendung findet, die sich ja physikalisch in nichts von der Technik unterscheidet; womit von selbst die Stellung bezeichnet ist, welche wir hinsichtlich der gedachten Streitfrage einnehmen. Die Consumtion als solche gehört sicherlich nicht in die Volkswirthschaft, wohl aber das ökonomische Vorgehen bei derselben.

Auf diese Weise gelangen wir zu einer entsprechenden Begriffsbestimmung unseres Gegenstandes. Wir meinen, dass die vorstehende, wenigstens ihrem Sinne nach, die Anforderungen erfüllt, welche an eine solche zu stellen sind. Einestheils bietet sie eine präcise Abgrenzung des besonderen Gebietes von Erscheinungen, die das Object unseres Erkennens bilden sollen, gegenüber allen übrigen, also eine genaue Beschreibung des Umfanges unseres Gebietes. Und zwar nicht nach einer beliebigen Ansicht, sondern nach demjenigen, was in der allgemeinen Auffassung hierunter begriffen gedacht wird. Anderntheils erscheint auch das Wesen der betreffenden Phänomene mit einer allgemeinen Charakteristik dermassen bezeichnet, dass der Inhalt des Begriffes als genügend bestimmt angesehen werden kann. Zum Belege dessen mag vielleicht dienen, dass sich aus diesem Begriffe der Wirthschaft die einzelnen wirthschaftlichen Grundbegriffe direct gewinnen lassen, während nach so vielen der herkömmlichen Begriffsbestimmungen ein oder mehrere Grundbegriffe vorher festgestellt werden und erst aus diesen das Wesen der Wirthschaft abgeleitet wird — ohne dass daran Anstoss genommen wurde. Was würde man aber zu einem gleichen Vorgange auf anderen Wissensgebieten sagen; wenn man z. B. in einer Rechtsdisciplin zuerst einige Rechtsinstitute erörtern und von diesen aus erst zum Begriffe des betreffenden

2*

Rechtsgebietes, respective des Rechtes überhaupt, gelangen wollte?!

Sollte indess nach dem Urtheile der Fachgenossen die hier begründete begriffliche Erfassung der Volkswirthschaft nicht vollständig gelungen sein, so halten wir damit doch wenigstens die Richtung endgiltig bezeichnet, in welcher sie zu suchen ist, sowie. die Aufgabe der Forschung, welche in erster Linie und in Uebereinstimmung aller Betheiligten ihre Lösung finden muss, um eine gedeihliche Grundlage für die gemeinsame theoretische Arbeit zu besitzen.

III.

In Betreff des Charakters der Wissenschaft, welche
von dem durch den Begriff der Oekonomie gekenn-
zeichneten Verhalten des Menschen handelt, musste
sich die Frage aufdrängen: Ist sie eine descriptive
oder eine normative Wissenschaft? Lehrt sie uns
erkennen, wie jenes Verhalten beschaffen ist, oder wie
es beschaffen sein soll?

Ueber diesen Punkt besteht heutzutage unter den
Vertretern des Faches kaum mehr eine Meinungs-
verschiedenheit. Es ist anerkannt, dass die Disciplin
in ihrem vollen Umfange Beides umfasst: eine theoretische Nationalökonomie, die uns die „Natur der
Dinge" im Wirthschaftsleben, das Wesen und den
causalen Zusammenhang der wirthschaftlichen Erscheinungen kennen lehrt, und eine praktische Nationalökonomie, welche Lehrsätze betreffs des wirthschaftlich
zweckmässigsten Thuns — des einzelnen Wirthschafts-
subjectes wie des Staates — entwickelt. Der Streit,
ob wir es mit einer *Science* oder mit einer *Art* zu
thun haben, ist dahin geschlichtet, dass Beides vorliege: eine reine Theorie als Grundwissenschaft und
eine Kunstlehre als angewandte Wissenschaft, wenngleich freilich die methodologischen Consequenzen,
welche diese Verschiedenartigkeit der beiden Theile des

Gesammt-Wissensgebietes nach sich zieht, erst neuer-
dings in Erinnerung gebracht werden mussten, es jedenfalls ein arger Verstoss ist, in die Begriffsbestimmungen
und grundlegenden Erörterungen der Lehren über das
ökonomische Sein Postulate des —(nach subjectiver Ansicht — Sein-Sollens hineinzulegen, und diese Formel
eines Gegensatzes des Seins und des Sein-Sollens
als Substrat eigenartiger Zweige der Lehre sich
im Späteren erst näherer Prüfung bedürftig erweisen
wird.

Soweit Unklarheit über obige Cardinalfrage
herrschte oder vereinzelt noch herrscht, erscheint selbe
durch den Gang der Entwicklung unseres Wissensgebietes veranlasst. Die Menschen traten der materiellen Seite des Lebens wissenschaftlich mit jenen Beobachtungen und darauf gegründeten Lehrmeinungen,
in welchen wir die Keime unserer heutigen Nationalökonomie vor uns haben, zuerst im Sinne einer Kunstlehre näher.

Privatwirthschaftliche Maximen für die Boden-
cultur und Hauswirthschaft, dann ökonomische Politik,
jener Theil der Politik, welcher sich auf die materiellen Lebensverhältnisse bezieht: das ist der Standpunkt des Alterthums und des ganzen Mittelalters —
abgesehen von der Analyse einiger Tauschvorgänge
im *corpus juris*. Schon der Sinn des Wortes Oekonomie
ist hiefür bezeichnend. Es bedeutet seiner Etymologie
nach mehr eine Kunst als ein Wissen: Die Kunst
einer guten Haushaltung, gedeihlicher Führung einer
Familienwirthschaft. Uebertragen ward dann das Wort
auf die Führung des Staates zum Wohlstand, und wir
finden geradezu bei nicht wenig Schriftstellern die
Analogie der Leiter des Staates mit einem sorgsamen
Hausvater an die Spitze gestellt; wie letzterer die

Familie, so haben erstere das Volk durch ihre Mass-
regeln zu materiellem Gedeihen zu führen.

Die hierauf bezüglichen Erörterungen der Philosophen, Politiker und Kirchenväter sind freilich immer
verbunden und begründet mit Erklärungen, den Versuchen theoretischer Ergründung dessen, was ist, allein
stets doch nur gewisser einzelner Erscheinungen, und
in unbewusst tendenziöser, von den Moral- oder politischen Principien des Autors und seiner Zeit ge-
tragener Auffassung. Die Emancipation aus diesem Verhältnisse erfolgt allmälig bezüglich der beiden Erscheinungen des Geldes und des Zinses. Eine systematische
theoretische Erforschung des ganzen Wirthschaftslebens
liess jedoch noch lange auf sich warten. Der Mercan-
tilismus ist noch keineswegs eine theoretische Schule,
vielmehr ein wirthschaftspolitisches System. Erst mit
den Physiokraten und Adam Smith vollzieht sich die
Begründung einer geschlossenen Wirthschaftstheorie,
die aber auch ihren Ursprung als Kind einer bestimmten politischen Geistesrichtung nicht verleugnen
kann.

Da letztere das gesammte Staatsleben bekanntlich auf das freie Walten der Individuen theoretisch
und praktisch zurückführen wollte, so kann nach ihr
ein ökonomisches „System“ — Adam Smith nennt die
physiokratischen Lehren auch *agricultural System* im
Gegensatze zu *mercantile System* — den Staatsmann
nicht länger lehren, was er zu thun habe in wirthschaftlichen Dingen, sondern nur ihm zeigen, wie der
„Volkswohlstand“ durch die Natur der Dinge, d. h.
unter Voraussetzung rechtlicher Freiheit durch die
Thätigkeit der Individuen im Volke selbst, herbeigeführt
werde. So gelangte man dahin, an Stelle von Gesetzen
in juristischem Sinne, durch welche die „nationale“

Güter-Production und -Vertheilung geregelt werden soll, Gesetze im Sinne von Naturgesetzen zu lehren, durch welche die Production und Vertheilung thatsächlich geregelt wird, und welche sohin durch Eingreifen der Staatsgewalt nicht gebessert werden können. Für die ökonomische Kunst des Staatsmannes blieb hiernach nur die Abschaffung historisch gegebener Schranken der Handlungsfreiheit des Einzelnen und die Finanz, die Beschaffung eines ausreichenden Staatseinkommens, übrig. Bei Smith sehen wir die so zu Stande gekommene Verbindung einer eigenen Theorie der Volkswirthschaft mit einer Kunstlehre deutlich, obschon er blos die letztere definirt — in der bekannten Eingangsstelle des IV. Buches [1]) — und für die Theorie, resp. für das Ganze, den Namen noch nicht braucht.

Zu voller Klarheit über diese beiden Seiten der Wirthschaftswissenschaft gelangte aber doch nur ein Theil der deutschen Fachgelehrten, welche die Disciplin selbständig weiterbildeten und insbesondere mit Vermeidung der Irrthümer des *Laissez-faire*-Principes eine positive Volkswirthschaftspolitik und die Finanzwissenschaft ausbildeten, während die alte Cameralwissenschaft noch ein *Mixtum compositum* von Theorie und Kunstlehre darstellt. [2]) Viele Forscher

[1]) *Political economy, considered as a branch of the science of a statesman or legislator, proposes two distinct objects: first, to provide a plentiful revenue or subsistence for the people, or more properly to enable them to provide such a revenue or subsistence for themselves; and secondly, to supply the state or commonwealth with a revenue sufficient for the public services.*

[2]) Der Ausdruck „Principien der pol. Oec." ist ein verführerischer Nachhall der alten Verworrenheit, indem das Wort „Principien"

und Darsteller, namentlich in der ausländischen Literatur (neuestens auch wieder in Deutschland), halten die beiden Gesichtspunkte nicht auseinander, was mit bedeutenden Nachtheilen für die Wissenschaft verbunden war.

Insbesondere jene Schüler Adam Smith's, welche die von dem Meister eröffnete Bahn weiter zu verfolgen nicht im Stande waren, in der wissenschaftlichen Gesammthaltung sogar theilweise einen Rückschritt gegen ihn vollzogen, richteten eine arge Verwirrung an, indem die Outrirung des *Laissez-faire* sie eigentlich dahin führte, eine Volkswirthschaft als Kunstlehre überhaupt nicht mehr anzuerkennen. Zufolge eines wirthschaftlichen Optimismus, der an Adam Smith noch nicht wahrzunehmen ist, kamen sie dahin, die unter der Voraussetzung freier Individualthätigkeit sich ergebenden Erscheinungen der Production und der Vertheilung der Güter als Verwirklichung des Idealen anzusehen, so dass der Staatsmann, nachdem jene Voraussetzung hergestellt, die Hände ruhig in den Schooss legen kann, ja geradezu mit jeder Bethätigung nur schädlich wirken würde. Entfiel damit eine ökonomische Politik gänzlich, so reducirte jene Schule weiters auch die Finanzthätigkeit erheblich, bis zu dem Extrem, welches die ganze Richtung carrikirt: der Vorstellung von dem Ideal der Erhebung der Staatseinnahmen durch eine freiwillige Gabe, welche Jedermann, entsprechend seiner Leistungsfähigkeit, uncontrolirt in die Steuercasse einwirft!

An jener Ideenentwicklung ist freilich Smith mit Schuld. Einerseits durch die Unbestimmtheit seiner

---

sowohl Grundsätze im Sinne von grundlegenden Sätzen, d. h. Gesetzen der Erscheinungen, als auch Maximen des Handelns bedeutet.

Wendungen in Betreff der Beurtheilung eines Ein-
greifens der Gesammtheit gegenüber den Individuen,
andererseits durch die Zweideutigkeit des Ausdruckes
„natürlich", welcher wirthschaftliche Erscheinungen
als ohne staatliche Beeinflussung (bei „natürlicher
Freiheit") entstanden kennzeichnen soll, aber bei ihm
zugleich den Doppelsinn: gut, von der weisen Natur
(Vorsehung) so eingerichtet, an sich trägt. Von da war
wenig mehr als ein Schritt bis zu dem verhängniss-
vollen Beginnen, die Lehren der volkswirthschaftlichen
Theorie als „Naturgesetze" im stricten Sinne des Wortes
zu proclamiren, denen der Einzelne wie ganze Staaten
sich am besten willenlos unterwerfen, ja schliesslich
gegen ihren Willen unterwerfen müssen, was nichts
Anderes heisst, als: theoretische Gesetze des Seins, die
schon vermöge ihrer methodologischen Prämissen vereinzelt mit der vollen Wirklichkeit nicht genau über-
einstimmen können, zu absoluten Normativgesetzen zu
erklären. *) Das ist das Wesen des Doctrinarismus;
das Widerspiel der tendenziösen Theorie, welche für
praktische Postulate schon von vornherein durch
theoretische Constructionen den Grund legt. Daran
krankte die Richtung, welche aus bekannten wirth-

---

*) Die Theorie sucht und formulirt z. B. die „Gesetze" der
Vertheilung des Ertrages der arbeitstheiligen Production unter die
an den Productionsvorgängen Betheiligten unter Voraussetzung des
Sondereigenthums und der Vertragsfreiheit. Flugs ward daraus
das so oft verkündete „Gesetz": Die Einzelnen müssen einander in
voller, unbeschränkter Freiheit gegenüberstehen, der Verkehr muss
sich selbst überlassen bleiben. Und wenn sich dann das Walten jener
erstgedachten Gesetze bei Erfüllung ihrer Voraussetzungen in irgend
welchem Belange als schädlich erwies, so wurde beabsichtigten Ein-
schränkungen der individuellen Freiheit sofort das *Noli me tangere*
des letztgedachten „Gesetzes" der Volkswirthschaft entgegengehalten.

schaftsgeschichtlichen Gründen den Namen des Manchesterthums erhielt.

Grundsätzliche Scheidung der beiden Seiten unserer Wissenschaft nach ihrer Eigenart vermeidet ganz von selbst diese Fehler und leitet insbesondere an, bei wissenschaftlicher Behandlung concreter Fragen der volkswirthschaftlichen Bethätigung des Staates des obersten Principes eingedenk zu sein, welches die Kunstlehre der Politik überhaupt — und somit auch wirthschaftlicher Politik — voranstellt: mit Rücksicht auf die vielverschlungene Wechselwirkung aller Seiten und Factoren des Staatslebens im einzelnen Falle stets die „concreten Verhältnisse", die „Umstände von Zeit und Land" zu beachten (worunter der geschichtliche Zusammenhang der Dinge eine besonders hervorragende Stelle einnimmt), um Zweck und Mittel gegenseitig richtig abzumessen und eventuell das in ähnlichen Fällen Bewährte für den vorliegenden auf seine Anwendbarkeit zu prüfen. H i e r ist der „historisch-realistische" Standpunkt angezeigt und hiemit erklärt es sich auch, wieso derselbe zum Schlagwort der neueren deutschen Volkswirthe geworden ist. Der gekennzeichnete Doctrinarismus musste in den Fragen der Volkswirthschaftspolitik Widerspruch und Zurückweisung herausfordern — wie ja eine solche eigentlich schon die Theorie L i s t's und dessen Angriffe gegen „die Schule" darstellen — insbesondere nachdem er in der Manchesterdoctrin sich weiter zugespitzt hatte und zu den Thatsachen und Anforderungen des praktischen Lebens — wirklichen oder vermeintlichen — in auffälligen Contrast gerathen war. Mit Recht hielt man ihm jenes „Gesetz der Relativität", die Unstatthaftigkeit eines „Absolutismus der Lösungen" auf wirthschaftlichem Gebiete, die „Bedeutung des historisch

Gewordenen für das Werdende" entgegen; Gesichtspunkte der praktischen Nationalökonomie, deren Betonung und Hervorkehrung durchaus am Platze war.
Und da nun die deutschen Fachgenossen ihre Kraft
mit Vorliebe den wirthschaftspolitischen Streitfragen,
welche die Gegenwart bewegen, zuwandten, so kam
es, dass die „historisch-realistische" Richtung sie zu
einer förmlichen Schule vereinigte. Sie fielen dann nur
wieder in ihrer Opposition gegen das Manchesterthum
dem entgegengesetzten Irrthume bezüglich des Wesens
und Werthes der theoretischen Nationalökonomie anheim, wie denn schon der geistige Fortschritt — eine
oft gemachte Bemerkung! — sich gern durch den
Pendelschlag extremer Einseitigkeiten zu vollziehen
scheint. Sie negirten eigentlich durch Uebertragung
des historisch - realistischen Gesichtspunktes in die
theoretische Nationalökonomie diese letztere, so zwar,
dass eine gründliche Beleuchtung der beiden Seiten
unseres Wissengebietes nach ihren Besonderheiten und
diesen entsprechenden methodologischen Anforderungen,
wie sie das Menger'sche Buch enthält, in der That
höchst nothwendig geworden war. Consequentes Fest-
halten dieser Unterschiede der sich gegenseitig be-
dingenden Richtungen wird der Forschung unerläss-
lich sein.

Wir möchten an dieser Stelle nur noch zwei
specielle Mängel der Theorie hervorheben, welche mit
dem soeben Erörterten im Zusammenhange stehen.

Der Eine betrifft die collective Behandlung
privatwirthschaftlicher Phänomene, welcher wir nicht
selten bei den Classikern, aber auch neuestens wieder
begegnen. Es wird da als Gegenstand der Untersuchung
bezeichnet, wie sich der Wohlstand, der Reichthum
„eines Landes", „eines Volkes", bilde, wie sich der Reich-

thum „unter die verschiedenen Classen der Gesellschaft"
(innerhalb eines Landes) vertheile. Ein ganz schiefer
Gesichtspunkt, der nur deshalb sich nicht in voller
Schädlichkeit gezeigt hat, weil er nicht festgehalten
wird. Wie unklar ist der Begriff „Volksreichthum!"
Nach Absicht der betreffenden Schriftsteller in Gemässheit ihrer von der Einzelwirthschaft ausgehenden
Grundauffassung sollte darunter nur die Gesammtsumme
der Einzelvermögen begriffen sein; unwillkürlich aber
musste man dabei an die Wohlstandsmomente denken,
über welche das reale Collectivum „Volk" verfügt,
wodurch schon eine Quelle von Verwirrung eröffnet
war. Es ist offenbar, dass dies auf die Hereinziehung
der immateriellen Güter, schliesslich die Auffassung
des Staates selbst als ökonomisches Gut, nicht ohne
Einfluss gewesen ist. Eine Consequenz dieser schielen-
den Theorie ist ferner die absonderliche Einkommens-
lehre, welche zuerst das Nationaleinkommen sich als
einheitliche Grösse und sodann das Einzeleinkommen
als den Antheil vorstellt, den Jeder durch Repartition
derselben davonträgt; abermals ein Widerspruch mit
dem individual-wirthschaftlichen Ausgangspunkte der
betreffenden Theoretiker. Und wie unvereinbar mit der
Wirklichkeit wäre es, eine Vertheilung des „Ertrages
der nationalen Production" nach Erwerbsclassen
strict anzunehmen. Man meint da mit Classe lediglich
die einzelnen typischen Individuen, welche je in einem
Productionsvorgange und Vertheilungsprocesse mit
einander verbunden sind und einander gegenüberstehen.
So schon in dem berühmten Vertheilungsschema des
Tableau économique, dann bei den Physiokraten überhaupt, in ähnlicher Weise bei Adam Smith und
seinen Nachfolgern. Diese Auffassung der Classe
als blossen Collectivbegriffes hat sicherlich lange

ein Hinderniss gebildet, jene Einflüsse zu erfassen, welche die Classeninteressen im eigentlichen Sinne, z. B. im Lohnkampfe auf die Preisstellung, äussern u. s. w. Es liegt hier der Ausfluss unwillkürlicher, aber unklarer Erfassung des socialen Charakters der ökonomischen Erscheinungen vor, der nur einerseits ein Zuviel, andererseits ein Zuwenig einschliesst.

Diese Unklarheit — ursprünglich mehr eine solche des Ausdruckes als der Gedanken, die aber späterhin Manche zu der, schon von Anderen gebührend zurück- gewiesenen, Definition der Volkswirthschaft im Sinne von Wirthschaft des Volkes als solchen verleitete — erklärt sich uns eben durch den Entwicklungsübergang der Disciplin aus einer Kunstlehre in eine Theorie. Sie entstammt nicht nur jener Zeit, sondern sie ist auch evident nichts Anderes als der Gebrauch einer überkommenen Anschauungs- und Ausdrucksweise in einer ihr nicht mehr adäquaten neuen Richtung.

Das staatsmännische Denken und Handeln, die Politik, ist auf's Collective gerichtet. Die Uebertragung dieses Gesichtspunktes in eine Theorie, welche auf den Einzelwirthschaften und ihren Beziehungen fusst, musste damit einen eclatanten inneren Widerspruch setzen. Möglicherweise trug die Innewerdung dieser Dis- cordanz dazu bei, dass man dann wieder in das Extrem verfiel, das ökonomische Wesen und Walten der wirk- lichen Collectiva gänzlich negiren zu wollen.

Aber auch die Auseinanderhaltung der theore- tischen Nationalökonomie und der Kunstlehren der Volkswirthschaftspflege und der Finanzwissenschaft innerhalb des Gesammtrahmens der politischen Oeko- nomie (Volkswirthschaft im weiteren Sinne, wobei die Kunstlehre der Privatwirthschaft ausgeschlossen bleibt) nach der Systematik, wie sie von den deutschen National-

ökonomen durchgebildet wurde, ist nicht ohne Mangel
geblieben. Wir können ihn sofort mit einem Satze bezeichnen. Indem sie die Wirksamkeit des Staates in
der Volkswirthschaftspolitik und dem Finanzwesen als
eigenen Zwecken dienend auffasst, und die Volkswirthschaft als gegenüberstehendes Gebiet, kam sie dahin,
in letzterer nur die im Verkehre der Einzelwirthschaften untereinander sich äussernden wirthschaftlichen
Erscheinungen theoretisch zu durchdringen, dagegen
das ökonomische Wesen der Staatsthätigkeit, die sie
in der Kunstlehre nur nach dem Zweckmässigkeits-
gesichtspunkte untersuchen konnte, nicht systematisch
zu analysiren. Es erscheint hieraus die Aufgabe er-
wachsen, diese Lücke auszufüllen und sonach, bei voller
Aufrechthaltung der Scheidung zwischen der theoretischen Nationalökonomie und den Kunstlehren (was
einschliesslich der privatwirthschaftlichen den Umfang
des Gebietes der nationalökonomischen Wissenschaft im
weitesten Sinne ergibt), die erstere insbesondere auch
in der eben gedachten Richtung fortzubilden.

IV.

Die Methoden der Forschung, welche für die beiden unterschiedenen Seiten der Wirthschaftswissenschaft anzuwenden sind, hat Menger in seinem, derzeit eben im Mittelpunkte des Interesses der Fachkreise stehenden Werke klargelegt, sowie das Verhältniss, in welchem dieselben zu der (im weitesten Sinne des Wortes) geschichtlichen Behandlung der ökonomischen Erscheinungen, sei es als Theilen eigener Disciplinen (der Geschichte, Statistik), sei es als Hilfsmittel der theoretischen Forschung stehen. Wer unbefangen, insbesondere nicht als Vertreter einer einseitigen Richtung engagirt, seine Darlegung auf sich wirken lässt, wird aus derselben die volle Würdigung der wechselseitigen Bedingtheit aller Forschungsrichtungen als Ausflusses der Veranlagung unseres Geistes, entnommen haben. Schreiber dieser Zeilen kann für seine Person im Allgemeinen nur vollständige Uebereinstimmung mit seinen eigenen Ansichten constatiren, die überdies in nicht wenig Punkten durch jenes Buch erhebliche Klärung und Befestigung erfuhren, und darf sich in dieser Hinsicht wohl auf seine Arbeit über „die Verkehrsmittel etc." berufen, in welcher er mit präciser Auseinanderhaltung der theoretischen, der praktischen und der geschichtlichen

Erfassung nationalökonomischer Erscheinungen die des Verkehrswesens nach allen diesen Richtungen, u. z. in der Theorie auf Grund sowohl der e x a c t e n Methode als der „r e a l i s t i s c h e n" (bei den einzelnen Verkehrsmitteln) behandelt hat. Mit welchem Grade von Unvollkommenheit dies geschehen sein möge, ist hier gleichgiltig: nur als — ihm begreiflicher Weise nächstliegendes — Beispiel soll diese Anführung dienen, nicht minder aber auch zur kürzest-möglichen Kennzeichnung des Standpunktes, welchen der Leser von ihm in den so wichtigen methodologischen Grundfragen unseres Wissensgebietes zu erwarten hat. Es versteht sich von selbst, dass er vom Ganzen hält, was er bezüglich eines Theiles zu befolgen Gelegenheit hatte.

Die Anregung, welche alle Vertreter unserer Wissenschaft aus dem in Rede stehenden Werke zu erneueter, eindringlicher Selbstprüfung hinsichtlich der von ihnen eingeschlagenen Erkenntnisswege geschöpft haben werden, ist im Momente noch zu frisch, der Eindruck des Buches ein noch zu actueller, als dass eine, wie immer geartete neuerliche Darstellung der betreffenden Materie jetzt angezeigt wäre. Es genügt der Hinweis, dass durch jene Ausführungen die Erfüllung der in dieser Hinsicht vor Allem sich ergebenden Anforderung in erfolgverheissendster Weise eingeleitet erscheint: Die Erzielung einer *communis opinio* über die Beschaffenheit, die absolute und relative Bedeutung und die Consequenzen der verschiedenen, dem vorliegenden Wissensgebiete entsprechenden Methoden behufs bewusster sachförderlicher Eingliederung jeder besonderen Richtung in die grosse, noch zu leistende Gesammtarbeit. Der mächtige Impuls, den die Discussion unter den Fachgenossen betreffs dieses Punktes erfahren hat, äussert eben derzeit seine Wirkung, und es ist

nicht zu zweifeln, dass in nicht gar langer Zeit bei
vielseitiger Betheiligung an der Debatte (in welcher
hoffentlich Menger selbst wiederholt das Wort er-
greifen wird) eine wesentliche Annäherung an obiges
Ziel erfolgt sein dürfte.

In Anbetracht dessen ist dermalen lediglich zu
einigen Bemerkungen Anlass, mit welchen hier in die
Erörterung eingegriffen werden soll, u. z. im Sinne
der Beseitigung einzelner Zweifel, die nach Menger's
Ausführungen uns noch offen zu sein scheinen oder
durch die von ihm mit Rücksicht auf das Leitmotiv
polemischer Zurückweisung der eigenartigen Ansichten
der historischen Schule gewählte Ausdrucksweise
veranlasst worden sind.[1])

---

[1]) Dieser Ursache, sowie offenbar dem Streben nach grösst-
möglicher Fasslichkeit entstammen auch mehrere gleich eingangs
des Buches gewählte Wendungen, welche an sich nicht einwurfsfrei
erscheinen. So der Ausdruck, das Generelle in den Erscheinungen
„Erscheinungsformen" zu nennen. Unter Erscheinungsform wird häufig
das Besondere als Repräsentant des Allgemeinen verstanden, so dass
ein Doppelsinn des Wortes vorliegt. Mann, Weib, Kind, Erwachsener,
Greis, sind Erscheinungsformen des Menschen. In diesem Sinne
brauchen wir das Wort selbst wiederholt. Im Sinne Menger's ist
Mensch die Erscheinungsform aller jener Besonderheiten. Es frägt
sich, ob wegen der Unbestimmtheit der Bedeutung des Wortes dasselbe
nicht besser zu vermeiden wäre. Ferner ist augenscheinlich auf jene
Absicht zurückzuführen, dass diese „Erscheinungsformen" Typen
und nicht, wie hergebrachter Weise, Begriffe genannt werden. S. 6
fasst Menger die Begriffe lediglich als „sprachliches Abbild" der
Erscheinungen, resp. der Erscheinungsformen. Gehören die Begriffe
nicht vielmehr dem Bereiche des Denkens an? Ist ein Begriff etwas
anderes als ein Gedankeninhalt, eine uns zum Bewusstsein gebrachte,
von demselben aufgenommene, generelle Erscheinung, die ja für uns
lediglich durch das Medium unseres Geistes existirt und für die dann
erst ein Wort das Symbol, das sprachliche Abbild, gibt? Wenn
Menger, S. 7, Begriffsanalysen nicht als Aufgabe der (ökonomischen)
Wissenschaft erklärt, so hat er im Hinblicke auf gewisse literarische

Nach der Auffassung, welche die Charakteristik der „exacten" Methode in Menger's Darlegung mehrseitig gefunden hat, wäre dieselbe identisch mit der „abstract-deductiven", oder deductiven im gewöhnlichen Sinne, die auf selbstgesetzten Prämissen, „auf Annahmen beruhend", eine Serie von Conclusionen aufbaut. Das ist offenbar ein Missverständniss, wie solches in ähnlicher Weise z. B. Carey — unbeabsichtigt oder beabsichtigt? — gegenüber Mill begegnet ist. Veranlassung zu demselben im vorliegenden Falle mag einerseits die Bezeichnung der nach „realistischer" Methode gewonnenen Ergebnisse als „empirisch" („empirisch-realistisch") sein, woraus sich e contrario von vornherein vielleicht die Meinung bilden kann, die Ergebnisse der exacten Methode seien unempirisch, sodann andererseits die Betonung des Umstandes, dass bei letzterer auf die „einfachsten, zum Theil geradezu unempirischen" Elemente der realen Welt „in ihrer, gleichfalls unempirischen, Isolirung von allen sonstigen Einflüssen" zurückgegangen werde; eine Wendung, die geeignet ist, den vorgedachten Eindruck nur noch zu verstärken.

Damit ist nun aber eben keineswegs gemeint, dass jede Auflösung der Dinge in ihre letzten Elemente unempirisch sei, sondern nur beabsichtigt zu sagen,

— — · — —

Producte allerdings sehr Recht. Blosse „Begriffsklitterei", d. h. dialektische oder raisonnirende Feststellung von Wortbedeutungen, ist an und für sich allein nicht Wissenschaft, weder exacte noch andere. Zum Ganzen gehören aber auch solche Verrichtungen; sie sind eine nothwendige Vor- oder Begleitarbeit der wissenschaftlichen Forschung und beanspruchen bedauerlich viel Zeit, resp. Raum, wo grosse Zerfahrenheit in der wissenschaftlichen Terminologie herrscht. Die Menger'sche Ausdrucksweise, S. 6, besagt u. E. also nur das Alte, dass die (theoretische) Wissenschaft mit Begriffen und Gesetzen operirt und in diesen ihren Inhalt findet.

3*

sie könne unter Umständen selbst das letztere sein,
wie es eben bei Hypothesen der Fall ist. Am klarsten
erhellt dies aus der Gegenüberstellung der „letzten
Elemente", auf welche die exacte theoretische Inter-
pretation der Naturphänomene zurückgehen müsse, und
jener, mit welchen die Socialwissenschaften operiren.
(S. 157.) Die Ersteren, die Atome und Kräfte, sind
unempirischer Natur . . . . „Anders in den exacten
Socialwissenschaften. Hier sind die Individuen und
ihre Bestrebungen, die letzten Elemente unserer Analyse, empirischer Natur." Aus diesem einen Satze
geht allein schon hervor, dass die exacte Methode auf
dem Gebiete der Socialerscheinungen von Menger
nicht unempirisch, nicht abstract im obenerwähnten
Sinne gedacht sein kann. Es käme sonst ein Selbstwiderspruch zum Vorschein, der eben nicht begangen
wurde. [2]) Die erwähnte Ausdrucksweise rührt somit
offenbar daher, dass einmal in der Kennzeichnung der

---

[1]) Nicht wenig dürfte zu obiger Auffassung auch die Bemerkung beigetragen haben, die Menger a. a. O. S. 43 macht, indem
er bezüglich des „über das Experiment und über alle Erfahrung
hinausgehenden speculativen Elementes" der Methode der exacten
Forschung auf eine gesonderte Darstellung an anderem Orte ver-
weist, welche er in Aussicht stellt. Es würde die Aufhellung seiner
erkenntniss-theoretischen Ausführungen wesentlich fördern, wenn er
die hiemit gegebene Zusage ehestens zu erfüllen in die Lage käme.
Insbesondere würde er sich hiebei darüber auszusprechen haben, ob
mit dem citirten Satze ein Anklang an die von gewisser Seite laut-
gewordene Ansicht beabsichtigt gewesen ist, welche für die Benützung
des Experimentes in der Naturwissenschaft zur Auffindung der Gesetze
immer auch die „Idee" verlangt. Ueberhaupt scheint es, als wenn
M. die von ihm angewendete Formulirung des Wesens der exacten
Methode im Hinblicke auf die letzten Elemente der Naturerscheinungen
gewählt habe, die „Atome" mit ihren „Kräften", welche hypothetischen,
also unempirischen Charakters sind. Neuestens wird aber im Kreise der
Naturforscher, so von Mach, die Entbehrlichkeit dieser Behelfe für
das Naturerkennen behauptet.

exacten Methode die Hypothese eingeschlossen — die
Vertreter der Naturwissenschaften werden damit freilich
nicht durchaus einverstanden, viele von ihnen die Bezeichnung „exactes Gesetz" einer Hypothese nicht bei-
zulegen geneigt sein — und sodann die Abstraction
als der exacten Methode immanent mit Nachdruck
betont werden sollte. Die durch das Postulat der
historisch-realistischen Schule nach „Erfassung der
Dinge in ihrer vollen empirischen Wirklichkeit" nothwendig gewordene Hervorhebung, dass solche mit
einer gewissen, nämlich der in Rede stehenden Richtung unseres Erkenntnissvermögens, unvereinbar sei,
veranlasste dann umsomehr den Gebrauch des Wortes
„empirisch" in jener erwähnten Weise.

Nun führt Menger selbst an (S. 68), dass auch
bei den von ihm so genannten empirischen Gesetzen
ein gewisses Mass von Abstraction vorliege, nämlich
die Abstraction von allen anderen als den eben je
begrifflich zusammengefassten Erscheinungsmomenten.
Das liege schon in der Idee von Gesetzen der Erscheinungen überhaupt, und es sei daher auch jenes
Postulat der Erfassung derselben in ihrer vollen empirischen Wirklichkeit nicht strict zu nehmen. Vollkommen richtig. Das im Auge behalten, erübrigt für
die exacte Methode in dieser Hinsicht nur ein Grad-
unterschied: Sie schliesst ein viel umfassenderes Mass
von Abstraction ein. Indem wir aber bei derselben in
einer tiefergehenden Analyse die „einfachsten Elemente"
der Erscheinungen aufspüren und auseinanderlegen,
und je nur eines von diesen isolirt in seinen causalen
Verhältnissen beobachten, gelangen wir zu Grund-
gesetzen der Erscheinungen, welche schlechtweg ausnahmslos gelten, wie das Causalitätsgesetz selbst. Der
Weg, auf dem sie gefunden wurden, ist die Induction.

Auch sie beruhen also auf Empirie, sind empirisch, so dass ein scharfer Denker die exacten Gesetze auf dem Gebiete der physikalischen und der psychischen Wirklichkeit lediglich als Gedankenökonomie, ökonomisirende Aufspeicherung von Erfahrungsmaterial, charakterisirt hat. [3])

Da die exacten Gesetze je nur Eine Seite der Erscheinungen in meinen Gedanken fixiren, so ist es geradezu selbstverständlich, dass sie nicht je für sich die volle empirische Wirklichkeit, d. h. alle Seiten der Erscheinungen, umfassen können. Es ist eben unserem unzulänglichen Wesen nur eine derartige, je partielle Erkenntniss möglich, und es mag gewissen Missverständnissen gegenüber sehr wichtig, ja nothwendig sein, dies ausdrücklich und mit allem Nachdrucke hervorzuheben.

Allein, wenn in diesem Sinne die Ergebnisse der exacten Richtung der theoretischen Forschung „mit dem Massstabe des Realismus gemessen, unzureichend und unempirisch" genannt werden, so ist damit eben nicht gesagt, dass sie an sich, im vollen Sinne des Wortes, unempirisch sind. Sie müssen fortan in den Erscheinungen sich bei der Beobachtung, also durch die Erfahrung, bewähren, und es müsste ein solches exactes Gesetz als unrichtig aufgegeben werden, wenn es mit den Erscheinungen nicht im Einklang stünde.

In der Abstraction, wie solche bei der exacten Forschung geübt wird, liegt das Setzen von „Voraussetzungen, welche in der Wirklichkeit nicht immer zutreffen", insofern eben, als dasjenige, wovon gerade bei Erfassung der Erscheinungen in unserem Denken

---

[3]) Mach, „Die ökonomische Natur der physikalischen Forschung." Vortrag gehalten in der feierlichen Sitzung der k. Akademie der Wissenschaften, 25. Mai 1882.

abgesehen wurde, sich seinerseits in eigener Weise gestaltend geltend macht. So lange nicht auch diese
letztere Seite der Erscheinungen ihrerseits in unseren
Gedanken gesetzmässig geordnet ist, bleiben unsere
Erkenntnisse in ersterer Richtung Stückwerk; die Bewältigung der Erscheinungswelt vermittels derselben
unvollständig. Deshalb aber keineswegs unrichtig. Auch
hypothetisch dürfen sie deshalb nicht genannt werden,
weil auf den Voraussetzungen obgedachter Art beruhend. Eine Hypothese ist nur da vorhanden, wo
nicht mehr Wahrgenommenes oder aus dem Wahr-
genommenen mit unbedingter Sicherheit Erschlossenes,
als letztes Ergebniss der Analyse hingestellt, sondern nur
mit Angenommenem operirt wird, was nicht anders
als *per analogiam*, durch Uebertragung der Vorstellungs-
weise einer uns bereits geläufigen Seite der Erscheinungen, geschieht. Etwas unter gewissen Voraussetzungen unbedingt Wahres, insbesondere wenn diese
Voraussetzungen lediglich in einer der theoretischen
Forschung inhärenten Isolirung der Probleme beruhen,
ist keine Hypothese. [1]

Nach dem Vorgesagten sollte, was die „empirische"
Methode und ihre Gesetze betrifft, *a priori* volles Ein-
verständniss darüber herrschen, dass diese Bezeichnung
in dem engeren, specifischen Sinne des Wortes zu verstehen ist.

[1] Solche Charakterisirung einer gewissen Summe von Ergebnissen der exacten Volkswirthschaftsforschung, eigentlich eine
blosse Ungenauigkeit des Ausdruckes, wird im Munde von Vertretern
der exacten Richtung selbst — die natürlich in der Sache mit
Obigem durchweg einverstanden sein werden — verwirrend und dem
eigenen Standpunkte abträglich. So z. B. Wagner, „Allgem. oder
theoretische Volkswirthschaftslehre", Grundlegung, I, 2. Aufl. S. 189:
„Das Selbstinteresse muss nicht als eine immer gleich bleibende
noch als eine immer gleich wirksame Kraft angesehen werden. . . .

Die Stellung, welche M e n g e r den empirischen
Begriffen und Gesetzen einräumt, ist für unsere Wissenschaft bedeutsam gegenüber dem Ansehen, welches die
methodologischen Untersuchungen R ü m e l i n's bei
den deutschen Volkswirthen — mit Recht — geniessen.
Auch die blosse Constatirung complexer Causalitäts-
zusammenhänge (wenngleich, resp. solange wir dieselben
nicht zu erklären vermögen) verdient wegen ihrer
Bedeutung für unsere theoretische Bewältigung der
Erscheinungen den Namen „Gesetz". Wenn, bezw. solange blos die Grundgesetze den Inhalt der Socialwissenschaften ausmachen sollten, würden dieselben
etwas schmal aussehen. Auf der anderen Seite aber
beeinträchtigt M e n g e r m. E. wieder die Rolle, welche
die empirischen Gesetze auf unserem Gebiete spielen,
selbst, indem er die blosse Regelmässigkeit der in
ihnen erfassten generellen Erscheinungsrelationen öfters
betont, ohne durch den Zweck seiner Ausführungen
veranlasst zu sein der Fälle zu gedenken, welche
einen so ungemein hohen Grad von Regelmässigkeit
aufweisen, dass derselbe für die Zwecke, denen unsere
Erkenntniss überhaupt dient, praktisch der Ausnahmslosigkeit gleichgestellt werden kann. Wir meinen hier
nicht diejenige Formulirung, welche auch empirische
Gesetze überhaupt als ausnahmslos zu fassen gestattet:
als Tendenz, mit Berücksichtigung der Collocation,
sondern es schweben uns Fälle vor, in welchen eine

Die Annahme eines reinen, „absoluten", in allen Personen zu allen
Zeiten und überall gleichwirkenden Selbstinteresses hat deshalb als
H y p o t h e s e in der Nationalökonomie doch ihre volle Berechtigung etc."
Dem Sinne nach ist dieser Ausführung beizustimmen, doch wie sehr
werden durch den Ausdruck „Hypothese", wie durch die ganze Wen-
dung überhaupt, Auffassungen angeregt oder gestützt, welche von der
Bedeutung der (exacten) Volkswirthschaft als einer auf „blossen An-
nahmen beruhenden Wissenschaft" gering zu denken Anlass geben.

bestimmte Erscheinungsfolge so ausserordentlich oft beobachtet wurde, ohne dass je eine Ausnahme davon wahrzunehmen war, dass wir dieselbe als ausnahmslos betrachten können. Ob sie auch wirklich ausnahmslos ist, wissen wir mit absoluter Sicherheit freilich nicht; das wird erst dann zur Gewissheit, wenn die exacten Gesetze gefunden sind, als deren Consequenz und Bethätigung sie erscheint, womit sie erklärt, als mit Nothwendigkeit seiend, und zwar mit Nothwendigkeit so seiend, erkannt ist.

Wenn aber die Beobachtung mit obgedachtem Ergebnisse in einer ungemein grossen Zahl von Fällen durchgeführt wurde, wenn z. B. seit Menschen denken, ein gewisser Zusammenhang zwischen zwei Phänomenen wahrgenommen wurde, und niemals eine Ausnahme, so können wir unbesorgt von einer Ausnahmslosigkeit dieses empirischen Gesetzes sprechen und, wenn wir nicht die exacte Erklärung desselben besitzen, die Auffindung eben dieser von den Fortschritten der Wissenschaft erwarten. Ungezählte Jahrtausende hindurch mussten sich die Menschen bezüglich vieler, für ihr Leben hochwichtiger Naturerscheinungen mit einer so beschaffenen Erkenntniss behelfen; wir selbst stehen noch gar manchen in gleicher Weise gegenüber. Und wenn es Erscheinungen gibt, die aufzuhellen dem Menschen niemals gelingen sollte, so ist mit empirischen Erkenntnissen von einem solchen Grade der Sicherheit gerade so viel gedient, wie z. B. mit der Erkenntniss von Grössenverhältnissen, die wir nur mit einem Näherungswerthe, also niemals absolut genau erfassen können. Bei den Schwierigkeiten, welchen die exacte Forschung gerade auf unserem Gebiete begegnet, ist die Inbetrachtnahme des graduellen Unterschiedes, welcher so innerhalb der empirischen Gesetze selbst

Platz greift, von Wichtigkeit. „Stabile Bildungsformen“,
stete, wenngleich nicht einfach causale, Aufeinander-
folge bestimmter Erscheinungen: dergleichen, im obigen
Sinne ausnahmslose, empirische Gesetze sind für uns
Erkenntnisse von grösster wissenschaftlicher Bedeutung.
Die Methoden freilich, mittels welcher die ausnahms-
losen exacten Gesetze, und jene, mittels welcher
empirische Gesetze (überhaupt und somit auch als
ausnahmslos anzusehende) gefunden werden, sowie die
Bürgschaften der Ausnahmslosigkeit beider Classen
von Gesetzen, sind verschieden.

Ein anderer Punkt, bezüglich dessen eindringlichere
Klärung nothwendig ist, betrifft die Exactheit der
Theorie hinsichtlich des Masses in den Erscheinungen.

Menger behauptet ganz allgemein, dass die
„qualitativ streng typischen Erscheinungsformen“,
zu welchen wir mittels der exacten Forschungsweise
gelangen, von derselben stets „mit Berücksichtigung
des exacten Masses“ in ihren Causalverknüpfungen
verfolgt werden, und dass wir sonach Erkenntnisse
strenger typischer Relationen der Erscheinungsformen
(exacte Gesetze) auch hinsichtlich ihres Masses erlangen.
Er nennt dieses Mass freilich ein ideales und bemerkt,
die exacte Forschung sei sich selbst wohl bewusst,
dass ein vollkommen exactes Mass in der Wirklichkeit nicht möglich ist. Dieser Ausspruch könnte, schief
aufgefasst, bedenkliche, von seinem Autor gewiss nicht
gebilligte Consequenzen haben. Die Folge wäre, dass,
wenn das Vorhandensein solcher exacter Massverhältnisse in der Wirklichkeit gleichfalls eine „Annahme“
ist, dann eben auch den exacten Gesetzen in dieser
Beziehung abermals ein hypothetischer Charakter (in
dem vorhin besprochenen Sinne) beigemessen werden
könnte.

Jener Satz bedarf daher einer näheren Beleuchtung.
Zwei Dinge, scheint es, sind wohl zu unterscheiden,
nämlich ob exacte Massverhältnisse in der Wirklichkeit vorhanden sind, und andererseits, ob wir mit
unseren Behelfen auch exact zu messen vermögen. Dass
das letztere nicht der Fall ist, sei zugegeben, und
auch nur das besagt der Satz, dass ein exactes Mass
in der Wirklichkeit nicht möglich ist. Ob aber die
Wirklichkeit nicht ein solches exactes Mass in ihren
Erscheinungen einhält, und wir dies constatiren können,
ohne dass wir jenes Mass absolut genau zu bestimmen im
Stande sind?! Die Chemie z. B., an deren Erscheinungsformen Menger ja gerade bei Verdeutlichung der
Natur der exacten Forschung anknüpft (S. 41 und 42),
scheint uns die letztere Frage bejahend zu beantworten.
Wie ungenau immer wir das Verhältniss zu eruiren
vermöchten, in welchem sich zwei Grundstoffe verbinden: sie gehen immer nur in genau dem nämlichen
Verhältnisse diese Verbindung ein, wir mögen sie in
welchen relativen Mengen immer zusammenbringen.
Die Natur misst exact, wenngleich wir ihr darin nicht
zu folgen in der Lage sind. Wir begehen bei der
Messung stets einen Fehler. Wir mögen nun aber zwei
Elemente unter den nämlichen Umständen zusammenbringen, so oft wir wollen, stets werden sie sich in
dem nämlichen Verhältnisse, welches wir stets (mit
der nämlichen Fehlergrenze) als dasselbe herausfinden
werden, zu einem gewissen zusammengesetzten Stoffe
verbinden. Da die Ungenauigkeit an uns liegt und es
uns schliesslich gelingt, das Mass der Fehlergrenze festzustellen, haben wir damit kraft des Causalitätsgesetzes
ein hinsichtlich des Masses exactes Gesetz gewonnen.
So, finden wir, gibt es Erscheinungsgebiete, auf
welchen ein exactes Mass real, nicht ideal ist, wenn-

gleich wir es nur annähernd genau erfassen mögen. Andererseits wirft sich die Frage auf: Gibt es nicht Erscheinungsgebiete, denen exactes Mass nicht eigen ist, oder auf welchen wir wenigstens ein solches nicht als vorhanden zu erkennen — geschweige denn es zu bestimmen — vermögen? Und ist Letzteres nicht bezüglich psychischer Phänomene der Fall?

Ist dem so — und wir glauben uns hierin in Uebereinstimmung mit den Fachmännern zu befinden — dann gibt es eben für die betreffenden Erscheinungsgebiete bezüglich des Masses exacte Gesetze nicht. Dann könnte der Satz, welcher diesen Gesetzen durchwegs auch den gleichen Charakter hinsichtlich des Masses zuerkennt, nicht aufrecht erhalten werden. Vielmehr müsste eine Unterscheidung gemacht werden zwischen qualitativ und quantitativ erfassbaren Erscheinungsrelationen, und es wäre Gegenstand der Untersuchung, in wie weit sich dieser Unterschied auch auf unserem Gebiete geltend macht. Die strenge Determination der wirthschaftlichen Handlungen ist damit keineswegs geleugnet; es ist nur zur Frage gestellt, ob auch bei allen derselben ein exactes Mass der Determination Platz greife oder erfassbar sei.

Wir ermangeln der erforderlichen Competenz, um eine bestimmte Behauptung darüber zu wagen, ob nicht, was unser Gebiet betrifft, jener Unterschied durchwegs exacter und eines solchen Masses entbehrender Gesetze mit dem Unterschiede psychophysischer und psychischer Gesetze zusammenfalle. Es wird sicher nicht an Stimmen fehlen, welche letztere Scheidung als den Ausdruck temporärer mangelhafter Erkenntniss bezeichnen und der Psychologie auch vollkommene Exactheit ihrer Gesetze als das Ziel ihrer Ausbildung in sichere Aussicht stellen.

Allein bis dieses Vollkommenheitsstadium erreicht ist — und das wird unter allen Umständen noch lange Zeit währen — : müssen wir uns bis dahin nicht auch mit exacten Gesetzen sozusagen geringeren Grades begnügen ? Es will uns bedünken, dass ein Ausweg dennoch offen stehe, nämlich durch Zuhilfenahme der empirischen Gesetze im besprochenem Sinne. Und hier kommen wir schliesslich zu einem Punkte der Menger'schen Untersuchungen, welcher gleichfalls nicht mit Stillschweigen zu übergehen ist.

Nach demjenigen, was oben hinsichtlich der beiden Methoden bemerkt wurde, ist es fraglich, ob, was Menger über das Verhältniss derselben zu einander ausführt (S. 52, 53), unbedingte und allseitige Zustimmung finden wird. Mindestens die principiell gleichmässige Anwendbarkeit der beiden Methoden auf alle Erscheinungen und sodann die in der schroffen Gegenüberstellung voller Selbständigkeit derselben eingeschlossen scheinende Negirung einer Verification der Ergebnisse exacter Forschung durch die Empirie wird Widerspruch finden. Hier scheint sich Menger von den methodologischen Ansichten zu trennen, welche insbesondere unter den Einflüssen Mill's derzeit in allgemeiner Geltung stehen: dass die exacte Methode ihrer Natur nach für die einfachen, die realistische (empirische in diesem Sinne) für die complicirten Phänomene (wegen der Collocationen) die angemessene sei, und dass die Erstere, welche ja der Induction folgende Deduction in sich schliesst, eben deshalb auch einer steten Verification an den Erscheinungen bedürfe. Allerdings ist in letzterer Hinsicht nicht zu übersehen, dass Menger nur die Bewahrheitung der exacten Gesetze an der sog. vollen empirischen Wirklichkeit in dem Sinne negiren will, in welchem die national-

ökonomischen Historiker die Berücksichtigung der
„vollen empirischen Wirklichkeit" als Postulat der
Forschung aufstellen, und bei einzelnen, den Leser
vielleicht zu anderer Auffassung leitenden Ausdrücken
stets der Zusammenhang des Gedankenganges massgebend sein muss. In ersterer Hinsicht aber geht
Menger über die entgegenstehende Ansicht doch
wohl zu summarisch hinweg und seine Erklärung der
Aufhellung der complicirten Phänomene auf exactem
Wege („wie aus den einfachsten ... Elementen der
reellen Welt in ihrer Isolirung von allen sonstigen
Einflüssen sich complicirtere Phänomene entwickeln",
S. 41, 42) erscheint an sich nicht geeignet, solches
ausreichend zu motiviren. Denn was an dieser Stelle den
„einfachsten Elementen" gegenüber eine complicirtere
Erscheinung genannt wird: eine Seite der Erscheinungen, die uns die exacte Methode nur je für sich verstehen lehrt, z. B. der Chemismus, ist der Mischung
verschiedener Seiten in einer Erscheinung, z. B. der
gleichzeitigen Wirksamkeit chemischer und diverser
physikalischer Seiten eines Naturphänomens, wie der
Elektricität, Wärme, Massenwirkung etc., gegenüber
eine einfache Erscheinung. Es muss Menger selbst überlassen bleiben, die Einwände, denen seine Aufstellungen
in dieser Hinsicht begegnen werden, zu entkräften.

Aber eine andere Frage ist es, die sich uns
bezüglich des Verhältnisses der beiden Methoden zu
einander aufdrängt. Wenn wir Menger recht verstehen, könnten die Forschungen nach beiden Methoden
lediglich neben einander hergehen, sich nach und nach
auf die Gesammtheit der Erscheinungen erstrecken,
deren Verständniss uns jede nach ihrer Weise vermittelt, würden also parallel laufen. Eine andere
Beziehung als durch das Object bestünde damit zwischen

ihnen nicht, bis auf eine temporäre Ergänzung, indem
„nur da, wo die eine oder die andere Richtung, sei es
wegen der mangelnden objectiven Voraussetzungen
oder aus Gründen, welche in der Technik der Forschung
liegen, zu keinerlei Ergebnissen gelangt, und in s o -
l a n g e a l s d i e s V e r h ä l t n i s s b e s t e h t", die Eine
von Beiden vorherrsche. Sollte dem entgegen nicht
auch eine gewisse C o m b i n a t i o n der empirischen
mit der exacten Methode uns Dienste leisten können?
Andernfalls scheint uns eine Lücke in der Forschung
zu klaffen, die wir als einen schweren Mangel unserer
Erkenntniss empfinden müssten.

Die exacte Richtung eröffnet uns das Verständniss
je einer Seite der Erscheinungen für sich, abstrahirt
von allen übrigen, nach und nach also aller Seiten,
aber immer jeder für sich, isolirt genommen. Auch
der Complication zweier oder mehrerer Seiten der
Erscheinungen können wir exact Herr werden, wenn
solche nach strengem Masse erfolgt, wie wir z. B.,
nachdem wir das Gesetz der Gravitation einerseits, das
Gesetz der Trägheit andererseits kennen, die Flugbahn
eines Geschosses auf Grund des Zusammenwirkens
beider Gesetze zu berechnen im Stande sind. Wie
steht es aber mit Erscheinungen, bei welchen wir —
oder wenigstens so lange wir bei ihnen — ein solches
Mass als vorhanden nicht zu erkennen vermögen?

Zum Beispiel — wir wählen hier vorgreifend das
für unser Gebiet entscheidende: der Mensch folgt bei
seinen Handlungen egoistischem Antriebe einerseits,
altruistischem Antriebe andererseits. Welches ist der
Effect der gleichzeitigen Wirksamkeit beider Kräfte?
Müssten wir uns mit der Antwort begnügen: das ist
individuell verschieden, ein allgemeines Mass hiefür
gibt es nicht, so wären wir mit der exacten Theorie

zu Rande und stünden an der Domäne der realistisch-
empirischen.

Das kann Menger in Consequenz seines Standpunktes nicht zugeben wollen. Denn damit ist gerade
der Kernpunkt jener Anschauungen offen gelegt, welche
für die socialen und somit die volkswirthschaftlichen
Erscheinungen eben nur die letztere Methode als zureichend erachten und von diesem Gesichtspunkte aus
— mit jener Einseitigkeit, welche wissenschaftlicher
Eifer gern mit sich bringt — dahin gelangen, der
exacten Methode für unser Gebiet jeden Werth abzu-
sprechen.

Böte nun da — wir werfen hiemit die Frage
zum Studium auf — nicht die realistisch-empirische
Methode ein Aushilfsmittel, derart, dass wir mittels
derselben das Durchschnittsmass feststellen,
welches in concreten Zuständen der socialen Entwicklung jenem Verhältnisse der beiden Agentien eigen
ist? M. a. W. Indem wir die Collocation für einen
gegebenen Bereich von Erscheinungen realistisch-em-
pirisch bestimmen, gewinnen wir ein, allerdings nicht
absolut, aber doch relativ exactes Mass für die „con-
stitutiven Factoren der Menschheitserscheinungen" und
vermögen hiernach für jene Wirklichkeit, in welcher
eben jenes Massverhältniss in Geltung steht, insoweit
auch exacte Gesetze auch der complicirteren Erscheinungen zu formuliren, die sonst für das betreffende
Gebiet der Erscheinungswelt nicht erreichbar wären?

Diese Combination der Methoden scheint gerade
für die Volkswirthschaft erforderlich.

V.

Versuchen wir nun, in Anwendung der exacten Methode auf unser Forschungsgebiet, eine Analyse der socialökonomischen Erscheinungen. Suchen wir diese vielgestaltigen Phänomene in ihre einfachsten Elemente zu zerlegen.

Wenn wir da die ökonomisch bestimmten Triebe der Individuen nach Erhaltung und Entfaltung als die „Grundkräfte" ansehen, deren „elementare constante Wirkung" die Grunderscheinungen unseres Gebietes ergibt, so haben wir die gleichzeitige „Massenwirkung" dieser Kräfte in den socialen Zusammenhängen. zu verfolgen, durch welche die complicirten Phänomene entstehen. Wir müssen daher die Socialgebilde selbst, soweit sie ökonomisch in Betracht kommen, auf die sie gestaltenden Elemente zurückführen.

Mit gutem Bedacht ist das Nachstehende nur ein Versuch genannt. Abschliessendes wird wohl erst in einem vorgerückteren Entwicklungsstadium unserer Socialerkenntnisse erzielt werden. Immerhin dürfte auch hier wieder mindestens die Aufgabe, welche der Forschung gesteckt ist, sowie die Richtung, in welcher ihre Lösung zu suchen, zureichend festgestellt sein.

Die diversen socialen Gebilde möchten vielleicht auf zwei allgemeine Gestaltungstendenzen zurückzuführen sein, die wir unter dem Namen des Individualismus und des Collectivismus auseinander halten.

Der Erstere begreift das „angeborene" Streben jedes Menschen, sich selbst als den Mittelpunkt des socialen Kreises zu betrachten; Alles, Dinge und Menschen, auf sich zu beziehen, sein Eigenwesen hierin frei gegenüber Anderen zu bethätigen und so seinen Zusammenhang mit der Menschheit sich selbst zu suchen. Vielleicht ist die Vorstellung, welche schon das Wort in uns wachruft, zutreffender als dieser mangelhafte Ausdruck. Sie fällt wohl zusammen mit dem, was man als die Idee der Persönlichkeit bezeichnete. Wir betrachten die sociale „Kraft", welche damit gegeben ist, als ursprünglich und constant in dem Sinne, dass sie, obschon in ihrer Ausbildung ein Product der Civilisation, doch im Keime schon in der Anlage des Menschen enthalten ist, und je in den verschiedenen Entwicklungsstadien eine gewisse Durchschnittsstärke aufweist.

Die Bedeutung dieses Grundzuges der Menschennatur, seine Immanenz wie seine Ausserung in unserem Wesen, sind oft genug betont, gewürdigt und geschildert worden, so dass es wahrlich überflüssig wäre, hier erst des Weiteren darauf eingehen zu wollen. Insbesondere wirksam wird derselbe, wie die Beobachtung lehrt, auf ökonomischem Gebiete. Der von dem Verhältnisse der Beschränktheit der Natur zu der Unbeschränktheit des menschlichen Erhaltungs- und Entfaltungsstrebens bestimmte Charakter dieser Seite des menschlichen Thuns ergibt uns alsbald verschiedene Aeusserungen des Individualismus, die wegen ihrer specifischen Wirkungen in ihren Grundformen gesondert betrachtet werden müssen.

Das ökonomische Streben der Einzelnen geräth zuvörderst nothwendigerweise in Collision, sobald die individuellen Actionssphären sich schneiden und ein seitliches Ausweichen nicht möglich ist. Eine gegenseitige Beschränkung ist die Folge, welche jedem Einzelnen den Impuls einflösst, das erreichbare Maximum an Lebensförderung ohne Rücksicht auf Andere, selbst mit Beeinträchtigung Anderer, anzustreben, die Erhaltung und Entfaltung des „Ich" ausschliesslich in's Auge zu fassen: der individuelle ökonomische Egoismus (Eigeninteresse). Das Aneinanderprallen des Eigennutzes der Einzelnen, die Verfolgung ihrer ökonomischen Zwecke, welche in friedlicher Coëxistenz mit fallweisem Compromiss endet, in dem je die thatsächlichen, geistigen und materiellen ökonomischen Machtverhältnisse der concreten Individuen zum Ausdrucke kommen, ist bekanntlich die Quelle einer Anzahl von Erscheinungen des Wirthschaftslebens und es ist somit Aufgabe der Volkswirthschaftslehre, die Massenwirkung dieser einen ökonomischen „Triebkraft" an sich festzustellen. Inwieweit, resp. unter welchen Voraussetzungen und aus welchem Grunde diese individuelle Lebensförderung, obschon sie im einzelnen Falle je eine Einschränkung des Einen zu Gunsten des Andern involvirt, als Resultirende aller der vereinzelten Kraftäusserungen die Gesammtentwicklung bedingt, ist hier nicht zu erörtern. Die unmittelbare beiderseitige, häufig nicht gleichseitige, Beschränkung wird so mittelbar zu beiderseitiger Erhaltung und Entfaltung.

In gewissem Umfange drängt sich daneben die Wahrnehmung auf, dass die Förderung der Eigen-

interessen des Einen unter Umständen mit directer
Förderung des Andern, bestimmter Anderer, verbunden
ist; in der Art, dass ich meinem Interesse nur dadurch
dienen kann, indem ich zugleich dem Anderer nütze.
Der Egoismus findet da eine eigenthümliche Seite
seiner Bethätigung, die nicht nur zur Verursachung
specifischer Erscheinungen wird, sondern auch mit der
vorgedachten, allgemeinen Richtung des Egoismus in
Widerstreit gerathen kann, insoferne letztere ein
höheres Mass oder auch nur ein der Zeit oder selbst
der Auffassung nach näherliegendes Mass von subjectiver
Befriedigung zu gewähren vermag. Es erscheint daher
begründet, dieser Seite des Individualismus gesondert
nachzugehen. Wir nennen sie den Mutualismus.
Derselbe äussert sich z. B. in der Preis- und Lohn-
bildung (Combination), in dem Genossenschaftswesen,
dem Versicherungs- und Versorgungswesen.[1])

Sodann sucht der Individualismus nach einem
der besprochenen entgegengesetzten Richtung Bethätigung. Das, was die Ethik Altruismus nennt,
übersetzt sich auf's ökonomische Gebiet, insofern eben
daran als an die Bedingung praktischer Aeusserung
gebunden. Diese Richtung des ökonomischen Strebens
auf bestimmte Mitmenschen wird zu einem Motive des
Egoismus gegenüber allen übrigen. Könnte man insofern diese Seite des Individualismus auch dem
Egoismus subsumiren, so wäre damit doch eben nur
die eine Hälfte der Erscheinung getroffen. Es bedarf

---

[1]) Der „Egoismus" ist sonach in einem engeren oder weiteren
Sinne zu verstehen, je nachdem der Mutualismus ausgeschlossen gedacht wird oder nicht. Welche der beiden Bedeutungen im Folgenden
an einzelnen Stellen vorschwebt, ergibt der Zusammenhang der Erörterung von selbst.

aber einer ausdrücklichen Inbetrachtnahme der anderen,
nämlich vom Standpunkte derjenigen Individuen, für
welche sie zur Quelle der Erhaltung und Entfaltung wird.

Vor allem zählt hieher die Familie, deren natür-
liches Band gewissermassen zu einer Ausweitung des
Ich führt, zur Bildung eines Kreises von Personen, auf
welche sich das Erhaltungs- und Entwicklungsstreben
des Einzelnen bezieht. In der patriarchalischen Familienwirthschaft scheint das ökonomische Leben sich
grösstentheils mittels gegenseitigen Altruismus ab-
gewickelt zu haben. In dem entwickelten Individualismus erscheint der Altruismus nach der einen Seite hin
a's Steigerung des Egoismus (gegenüber „dritten"
Personen), nach der anderen Seite hin als Einschränkung,
ja überwiegendes Gegengewicht desselben, das die ökonomische Bethätigung des Einzelnen nach Aussen
lenkt. Man denke an den Voluntarismus der Armen-
pflege, an die Widmungshingabe für Zwecke der
Kirche, Kunst, Wissenschaft, kurz, was Wagner das
„caritative System" nennt. Die Darstellung des Vertheilungsprocesses der heutigen Volkswirthschaft ist
unvollständig, wenn dieses Agens' nicht gedacht wird.

Es soll nicht geleugnet werden, dass in gewissem
Umfange persönliche Lustempfindung des Spendenden
oder die Hoffnung auf Lohn im Jenseits das Motiv
abgibt. Aber das ist ökonomisch gleichgiltig; die
Wirkung ist die nämliche, wenn ein altruistischer
Act durch nicht-ökonomischen Egoismus hervorgerufen
wurde, wie wenn derselbe der reinsten Humanität
entsprang, gerade so wie es dem ökonomischen Effecte
nach Egoismus bleibt, wenn solcher geübt wird, um
die Mittel für altruistische Hingabe zu erlangen. Die
ethische Qualification des ökonomischen Handelns ist
für unsere Wissenschaft indifferent. Es fehlt nicht an

Auffassungen, welche den edelsten humanitären Drang als egoistisch deuten wollen. Für unser Gebiet vermag auch diese Auffassung den Unterschied nicht zu verwischen. Wir haben vor uns das eine Mal die Richtung des Erhaltungs- und Entfaltungsstrebens auf die eigene Person und gegen Andere, das andere Mal die Richtung jenes Strebens auf Andere, mit Entgang an Eigenem, der sich, in vielen Fällen unmerklich, in anderen bis zur Selbstaufopferung steigert.[2]

Die exacte Nationalökonomie hat die Aufgabe, diese Causalitätsvorgänge klarzulegen. Freilich begegnet sie der Schwierigkeit, welche das individuell variable

---

[2] Sagt doch selbst der Utilitarier Hume, „Unters. über die Principien der Moral", V. Abschn. 2. Theil: „Die Selbstliebe ist ein Princip der menschlichen Natur von so weitreichender Kraft, und das Interesse jedes Individuums ist im Allgemeinen mit dem der Gesammtheit so eng verknüpft, dass jene Philosophen zu entschuldigen waren, die wähnten, alle unsere Sorge für die Gesammtheit könnte in die Sorge für unsere eigene Glückseligkeit und Erhaltung aufgelöst werden ... Sie fragten, ob es möglich wäre, dass wir irgend eine allgemeine Theilnahme für die Gesellschaft oder irgend ein uneigennütziges Gefühl für das Wohl und Wehe Anderer hätten; sie fanden, dass es einfacher sei, alle diese Gefühle als Modificationen der Selbstliebe zu betrachten und sie entdeckten wenigstens einen scheinbaren Grund für diese Einheit des Princips in jener engen Verknüpfung des Interesse, welche so deutlich zwischen der Gesellschaft und jedem Einzelnen ersichtlich ist. Aber ungeachtet dieser häufigen Vermengung .... haben wir Fälle gefunden, in denen das persönliche Interesse von dem der Gesammtheit getrennt war, Fälle, in denen es ihm sogar entgegengesetzt war, und trotz dieser Trennung der Interessen sahen wir doch das moralische Gefühl fortbestehen ... Durch diese Beispiele gezwungen, müssen wir auf die Theorie verzichten, welche jedes moralische Gefühl aus dem Principe der Selbstliebe erklärt. Wir müssen eine mehr auf das Allgemeine sich beziehende Neigung annehmen und zugestehen, dass uns die Interessen der Gesellschaft, sogar blos um ihrer selbst willen, nicht gänzlich gleichgiltig sind."

Mischungsverhältniss der unterschiedenen Seiten des
Individualismus quantitativer Analyse bereitet. Exacte
Massbestimmung wird hier wohl nur für concrete
Gesellschaftszustände im Durchschnitte möglich sein.
Immer aber erscheinen uns Egoismus und Altruismus
als einander bedingende, gleichwesentliche Seiten des
Individualismus, wofür zur Erhärtung der Hinweis
acceptirt werden möge, dass sie beide beim Thiere
als instinctiv wahrzunehmen sind. Der Altruismus
allein, so sehr vielleicht ein Ethiker ihn als das End-
ziel menschlicher Entwicklung betonen mag, wird,
strict durchgeführt gedacht, zum Communismus und
damit zur Aufhebung der Individualität; der Egoismus
allein steht derart im Widerspruch mit der Ergänzungs-
bedürftigkeit, der socialen Natur des Menschen, dass
vereinzelte Fälle ausschliesslicher Beherrschung durch
denselben, sofern solche überhaupt denkbar sind und
auch bei genauester Untersuchung nicht eine Spur von
Altruismus erkennen lassen, mit Recht als wider-
natürliche Entartungen angesehen werden. Bei
genauerem Zusehen werden wir in verschiedenen
Erscheinungen des Mutualismus auch eine Beimischung
von Altruismus zu dem dominirenden Egoismus ent-
decken.*)

Sehen wir hier die einzelnen Menschen selbst-
thätig ihre socialen, resp. ökonomischen Beziehungen in
zahllosen, kaleidoskopisch wechselnden, aber subjectiv
und objectiv auf den Bereich gegenseitiger Berührung

---

*) Da, wie aus Eheberg's Einleitung zu der neuen Ausgabe
von Fr. List nationalem System zu entnehmen, David Syme
nunmehr auch in Deutschland Aufmerksamkeit erregt, so sei nicht
verabsäumt, des in den „Outlines of an industrial Science" S. 106 ff.
vorfindlichen ähnlichen, obschon von Obigem abweichenden, Ideen-
ganges zu gedenken.

beschränkten Gruppen gestalten, so erblicken wir dem
gegenüber eine geringere Anzahl umfassender, stän-
diger, durch specifische Attractionskräfte gebildeter
Gruppen, in welchen unwillkürlich für die concreten,
von denselben je umschlossenen Individuen, die in dieselben „hineingeboren" werden, bestimmte Menschheits-
zwecke zum Vollzuge gelangen: reale Collectiva, die
als solche eigenthümliche, den Bestandtheilen als
solchen nicht zukommende, Merkmale aufweisen, deren
Lebensäusserungen auch nicht die Summe jener ihrer
Bestandtheile darstellen und auf letztere selbst bestimmend einwirken.[1]) Versuchen wir die da wirksame
Gestaltungskraft, den Collectivismus, in ihren
Aeusserungen zu erfassen. Wir finden in letzteren eine
Zusammenfassung der Individuen zu einer Gesammtheit, die sich als solche bethätigt und über das Individuum als Mittel zur Erreichung des Gemeinzweckes
verfügt. Der Collectivismus stellt also ein Aufgehen der
Einzelnen in eine höhere Einheit dar, auf welche dieselben alle Dinge unmittelbar beziehen, soweit der
Zweckbereich jener sich erstreckt. Nicht mehr als
Centrum fühlt sich hier das Ich, sondern als bedeutungs-
loser Punkt gleich zahllosen anderen in dem grossen
Kreise, also überhaupt nicht mehr als Ich. Nicht mehr
dem eigenen Zweckleben ist die Kraft des Einzelnen
gewidmet, vielmehr dem Zweckleben der Gemeinschaft,
d. h. aller darin Begriffenen. Und nicht blos die Mit-
lebenden umfasst der Verband, vielmehr eine ungezählte
Reihe von Generationen, die in diese Gesammtentwicklung einbezogen sind. Im Collectivismus erscheint
somit das Zweckstreben des Menschen direct auf das
Ganze gerichtet, bis zu völliger Vernichtung des Indi-

---

[1]) Vgl. Rümelin, „Reden und Aufsätze": Staat und Recht, S. 76.

viduums um des Ganzen willen. Man denke nur an
die allgemein gefühlte und von Tausenden stets freudig
geübte Pflicht vollständiger Hingabe des eigenen Seins,
von Habe und Leben, für das Vaterland in der Stunde
der Gefahr.

Es ist etwas Geheimnissvolles an diesem Socialgebilde, wie denn seit jeher das Wesen des Staates,
der wichtigsten seiner Erscheinungsformen, die Denker
aller Zeiten auf das Angelegentlichste beschäftigt hat.
Noch ist es nicht gelungen, der Erscheinung mit sieg-
reicher Klarheit auf den Grund zu kommen, und der
Socialwissenschaft bleibt die Lösung dieser schwierigsten
Aufgabe vorbehalten. Dass die Auflösung in den Individualismus ein Irrweg — die Staatsvertragstheorie;
man denke aber ferner an Kirche, Nationalität —
darüber wird wohl kein Streit sein können. Nicht ein
Product des Individualismus, obschon ein Product der
Individuen, haben wir vor uns.

Die auf dem Individualismus beruhenden, also
die aus dem individuellen Egoismus, Mutualismus und
Altruismus hervorgehenden „freien" Beziehungen der
Menschen ergeben die „Gesellschaft" im engeren Sinne
der Wortes, im Gegensatze zu den Collectivgebilden,
während letztere in der weiteren Bedeutung jenes
Wortes, in welcher man den Staat als die „organisirte
Gesellschaft" zu bezeichnen pflegt, inbegriffen sind.

Man hat, nebenbei bemerkt, der Eigenthümlichkeit
der collectivistischen Gruppirung durch Charakterisirung als „Gesammtpersönlichkeit" — u. zw. nicht nur im
bildlichen Sinne des Wortes, sondern *sensu stricto* —
auf den Grund zu kommen geglaubt. Ein für die Wissenschaft nicht zuträgliches Verfahren, in dem nichts
anderes vorliegt, als die Uebertragung der zu juristisch-
technischen Zwecken gebildeten Fiction der juristischen

Person in die Socialwissenschaft, welche Uebertragung
z. B. in der Steuertheorie durch ihre Consequenzen
selbst ihre Unzulässigkeit darthut. Aus einer Personen-
gesammtheit wird auf einmal eine Gesammtperson, mit
deren Denken, Fühlen, Wollen, Handeln etc. man ohne
weiters operirt, wodurch das wissenschaftliche Problem
einfach umgangen wird: nämlich zu erklären, wieso
eine Vielheit von Personen zu einheitlichen Vorstellungen, Empfindungen, Zwecksetzungen und Bethäti-
gungen gelange. Ist mit jenem schönen Worte eigentlich mehr gewonnen, als mit dem *corpus mysticum*,
das schon im Mittelalter das Unzureichende der Erkenntniss verhüllte? Die ausgezeichneten Forschungen
Schäffle's in seinem grossen Werke haben uns in
dem Punkte den rechten Weg gewiesen, und es wird
eben, wie gesagt, Sache der Socialwissenschaft sein,
das Wesen des Collectivismus in seinen verschiedenen
Formen weiterhin gründlich aufzuhellen, während wir
uns hier mit obiger, sicherlich mangelhafter Kennzeichnung behelfen.

Der ökonomische Collectivismus besteht folge-
richtig in der Beziehung des materiellen Erhaltungs-
und Entfaltungsstrebens auf eine, räumlich und zeit-
lich den Bereich jedes, auch des denkbar entwickelt-
sten Individuums überschreitenden Verbindung von
Individuen, in welcher die Einzelnen aufgehen. In-
direct empfangen die Letzteren freilich durch das
Wirken des Collectivismus individuelle Lebensförderung,
welche die in der Hingabe an die Gemeinschaft liegende
individuelle Lebensopferung im Ganzen mindestens
aufwiegt, und stellt sich dadurch die Beziehung auf
die („Einzel-") Persönlichkeit her. Allein das gilt doch
nur von dem abstracten Individuum, während das concrete solchen Ersatz nicht finden, sondern zum Opfer

fallen kann. Es besagt dies ja der bekannte Satz, dass das Interesse des Einzelnen dem Interesse der Gesammtheit untergeordnet, das letztere aber identisch ist mit dem Interesse der Einzelnen, d. h. des Durchschnittes, nicht aller darin Begriffenen individuell. Wo sich aber die Entwicklung des Ganzen in Widerspruch setzt mit der Entwicklung seiner Bestandtheile, dort ist die Grenze des Collectivismus, indem er sich bei jenem Punkte selbst aufhebt. (Oekonomischer Untergang von Staaten.)

Der ökonomische Collectivismus wird wirksam im Staate (im weitesten Sinne, also einschliesslich der Gemeinde, Corporation, überhaupt jedes „Zwangsverbandes"), weil resp. insoweit geordnete Beherrschung der äusseren Existenzbedingungen im Sinne der Gesammtentwicklung erforderlich ist, die nur durch Macht verwirklicht werden kann. Immaterieller Collectivismus ausserhalb des Staates erscheint dem gegenüber lediglich als Motivation individuellen ökonomischen Altruismus und fällt für uns daher unter den Gesichtspunkt des letzteren.

Stellt sich uns so auch auf unserem Gebiete der Collectivismus intern als eine die Grenzen des Individualismus überschreitende Ausweitung des Mutualismus und Altruismus dar, so bleibt das naturnothwendige Mischungsverhältniss von Egoismus und Altruismus auch hier besteben, u. zw. bekundet es sich nach aussen hin, indem die in einem Collectivgebilde verbundenen Personen in demselben ein Mittel für ihre Zwecke gegenüber Aussenstehenden finden.

Die collectivistischen Personengruppen gerathen in Beziehungen zu einander und das Gesammterhaltungs- und Entfaltungsstreben, welches in jeder wirksam ist, gestaltet jene Beziehungen in ganz gleicher Weise wie die socialen Beziehungen der Individuen.

Wir sehen da vor Allem einen collectivistischen
Egoismus, der die Gesammtkraft der zu einem
Collectivgebilde Verbundenen zu rücksichtsloser Verfolgung der eigenen Interessen verwendet, selbst auf
Kosten anderer Verbände und ihrer Angehörigen, mit
kriegerischem Austrag oder friedlichem Compromiss
im Falle gegenseitiger Beschränkung, d. i. einem labilen
Gleichgewichtszustande der beiderseitigen Kräfte,
welcher sich nach jeder Störung wieder herstellt. Der
Collectivismus kann durch diese Seite seiner Bethätigung selbst Mittel des individuellen Egoismus werden,
wie in dem crassen Beispiele der Unterjochung fremder
Völkerschaften, um sie zu Sklaven der eigenen Volks-
angehörigen zu machen, oder in dem Colonialsysteme
der mercantilistischen Politik, und auch heutzutage
finden wir collectiv auftretenden individuellen Egoismus, z. B. die Interessen bestimmter Producentenkreise
collectivistisch zur Geltung gebracht. Aber das geschieht nur, wenn und solange solche Einzelinteressen
zugleich — mit Recht oder Unrecht — als Gesammt-
interessen angesehen, m. a. W. collectiv zu Tage tretende
Einzelinteressen mit collectivistischen Interessen —
das Auseinanderhalten der beiden Worte ist kein
blosses Wortspiel — identificirt werden.

Daran reiht sich der collectivistische Mutualismus, welcher sich gestaltend äussert, sobald die
Wechselseitigkeit bestimmter Interessen, d. h. ökonomisch bedingter Erhaltungs- und Entwicklungs-
zwecke, den in Berührung stehenden Gruppen zum
Bewusstsein gelangt. Auch altruistischer Bethätigung nach aussen hat sich der Collectivismus
fähig erwiesen, allein das kann doch niemals die aus-
schliessliche oder auch nur vorwiegende Richtung desselben werden.

Dauernder Mutualismus — vollends Altruismus — im Uebergewichte gegen egoistische Beziehungen im Verhältnisse von Gruppen zu einander führt zur Verschmelzung engerer Verbände in weitere. Denken wir an den modernen Staat mit dem Verhältnisse zu, resp. zwischen den, verschiedenen Verbänden innerhalb desselben. Was aber das Verhältniss der Staaten zu einander anbelangt, so können wir zur Verdeutlichung vorstehender Auseinandersetzung an bekannte Worte erinnern: die antike Tributpflichtigkeit oder das „nationale System" der Volkswirthschaftspolitik, sodann an die „internationale Verwaltung" von Angelegenheiten gemeinsamen Interesses und endlich den „reinen Kosmopolitismus", wie er in einzelnen Fällen, z. B. der Unterdrückung der Sklaverei, zu Tage tritt.

Wir müssen uns angesichts dieser Erscheinungen selbst den Einwurf machen, dass im Grunde zwischen Collectivismus und Individualismus ein blos quantitativer Unterschied zu erblicken sei. Denn wir sehen Egoismus, Mutualismus und Altruismus in beiden Fällen, nur verschieden nach Ausdehnung und Wirksamwerdung. Allein, wenn man schon dieses Moment in's Auge fasst, so wäre hier doch wohl ein Fall des Hegel'schen Umspringens quantitativer Differenzen in qualitative zu erkennen. Der Unterschied ist sowohl rücksichtlich der Objecte als auch der Subjecte so bedeutend, dass er zu einer anders gearteten Erscheinung führt. Das Gattungsmässige kommt im Collectivismus dermassen zum Durchbruch, dass, wenn uns in dem Einzeldasein das Individuum als Zweck (Selbstzweck) und der von ihm ausgehende Individualismus als Mittel erscheint, der Collectivismus uns als Zweck, das Individuum als Mittel entgegentritt. In der Motivation der Einzelbethätigung ergibt das den belangreichen

Unterschied, dass wir das eine Mal sich selbstbethätigende Individuen vor uns haben, das andere Mal bethätigt werdende, allerdings nur, was das unmittelbare Bewusstsein anbelangt, aber das ist doch wohl durchgreifend genug. In letzter Auflösung freilich sehen wir in beiden Erscheinungsreihen nur zwei Seiten des Einen socialen Wesens des Menschen, das die Einzelnen bestimmend influirt, und eben so wenig contradictorische Gegensätze, wie in der alten Formel von der Freiheit und der Ordnung, mit welcher man seinerzeit diese Erscheinungen abzuthun pflegte.

In dieser Einräumung liegt logisch eingeschlossen, dass beide socialen Gestaltungstendenzen zusammenfallen, insolange das quantitative Moment nicht in jenem ausschlaggebenden Masse zur Geltung kommt. Und das ist thatsächlich der Fall während der primitiven Entwicklungsstadien, in welchen das collectivistische Band je nur eine Gruppe von Menschen umfasst, die zugleich sämmtlich in individuellen Beziehungen zu einander stehen. Damit ist aber eine genetische Erkenntniss gewonnen, welche den Werth der Unterscheidung der beiden Seiten des socialen Wesens nicht aufhebt, vielmehr steigert. In jenen Anfängen lag eben der Keim beider Gestaltungstendenzen, die sich erst von einem gewissen Punkte an spalten und zu selbstständigem Leben entwickeln. In dem voll entwickelten Menschendasein treten sie uns dann eben als gesonderte Potenzen entgegen. Natürlich vollzieht sich diese Sonderung nicht mit der Präcision einer Schul-Eintheilung, vielmehr nicht selten in flüssigen Bildungen; Uebergangsgebilden, wie solche überhaupt das Leben liebt, die ein Mischungsverhältniss darstellen und erst in weiter gediehener Entwicklung einen ausgesprochenen Charakter annehmen.

In welchem Verhältnisse aber stehen Individualismus und Collectivismus principiell zu einander? Diese Frage — die eben so naheliegend als fundamental — kann hier nur ganz allgemein beantwortet werden. Wir sehen, dass der Collectivismus, soweit er reicht, den Individualismus ausschliesst, aber zugleich bedingt: einerseits insofern er in der Bethätigung der Individuen unter einander das freie Belieben Einzelner einschränkt, in so weit es die Erhaltung und Entfaltung Anderer, resp. Aller, schädigt, andererseits, insofern er für Erhaltungs- und Entwicklungsmomente, in denen das freie Spiel der Einzelkräfte nicht ausreicht, die positive Zusammenfassung und Leitung derselben zu gemeinsamen Actionen in's Werk setzt, die eben das Gedeihen des Individuums einschliessen. In ersterer Hinsicht wird er zum machtvollen Arme der Socialethik: der aus dem socialen Wesen der Menschen hervorgehenden Idealvorstellungen in Betreff des Verhaltens derselben zu einander, die sich uns im individuellen Altruismus als Bethätigung von Gerechtigkeit, Nächstenliebe, Wohlwollen etc. wirksam zeigen. Ein gewisses Minimalmass solcher Anforderungen, welche jene Idealvorstellungen an den Einzelnen erheben, wird in der übereinstimmenden Ueberzeugung der im Collectivismus Verbundenen zu einer unerlässlichen Bedingung der Gesammtentwicklung, und damit erwächst ihm die Aufgabe, für gesicherte Erfüllung derselben zu sorgen durch Ausübung jener Macht, die ihm gegenüber dem Individuum zusteht und die er eben gegen Widerstrebende in Anwendung bringt. Hiedurch werden der Willens- und Actionssphäre der Individuen feste Grenzen gesteckt, die nach der einen Seite hin eine Einschränkung des Egoismus ergeben, nach der anderen aber die freie Bewegung des Individuums im Sinne

des allgemeinen Gedeihens erst ermöglichen, da sonst
der Individualismus in einem fortwährenden Vernich-
tungskampfe Aller untereinander aufginge, der im
besten Falle wohl die Erhaltung der Sieger, nicht aber
eine culturelle Entwicklung herbeiführen würde.[5] In
der zweitgedachten Hinsicht finden wir eine systematische Einordnung der Individuen in Gemeinschaften
zu schaffender Bethätigung für Zwecke, zu deren Rea-
lisirung der, nur sporadischer, wandelbarer, zersplitter-
ter Actionen fähige Individualismus ihrer Beschaffenheit nach nicht genügt und daher durch die nach
Zeit und Raum umfassend und ständig wirkende
Gesammtkraft ersetzt werden muss. Bekanntlich sind
es die Normen des privaten und des öffentlichen
Rechtes — nach der Auffassung der neueren Rechtsphilosophie und Staatslehre — in welchen dieses Verhältniss des Collectivismus zum Individualismus zur
Realität wird.

Aber nicht blos um die allgemeine Charakteristik
dieses Verhältnisses handelt es sich, sondern auch um
dessen concrete Gestaltung. Es ist ersichtlich, dass
eine bestimmte, thatsächlich gegebene Abgrenzung
des Individualismus durch den Collectivismus auch
exacte Massbestimmung der Aeusserungen Beider

---

[5] Wenn es für diese naheliegende Erkenntniss überhaupt eines
Beweises bedürfte, die neuhegelianische Apotheose des Individualismus
in Stirner's „der Einzige und sein Eigenthum“ hat ihn erbracht.
Denn die Vorstellung eines allgemeinen labilen Gleichgewichtszustandes
als des Verhältnisses der Individuen zu einander in formloser uni-
versaler Vereinigung ist ein Unding, ein Selbstwiderspruch mit der
Idee des absoluten Individualismus, und Meyer, „Emancipations-
kampf“, I. Cap., hat daher sicherlich Recht, wenn er den Nihilismus
eines Bakunin auf Stirner'sche Ideen zurückführt. Der anarchische
Socialismus involvirt eben, genau besehen, einen absoluten Individualismus und damit eine *contradictio in adjecto.*

ermöglicht und somit insoweit exacte Gesetze der bezüglichen Erscheinungen von der auf unserem Gebiete überhaupt erreichbaren Vollkommenheit. Ob aber nicht auch Grundgesetze aufzufinden sind, welche diese verschiedenen concreten Gestaltungen durchziehen? Entwicklungsgesetze des gesammten socialen Wesens? Dies zu beantworten, muss der Socialwissenschaft überlassen bleiben. Es will uns scheinen, dass ein solches Entwicklungsgesetz vielleicht in dem Sinne eines wechselweisen relativen Prävalirens der beiden socialen Grundtendenzen, bei gleichzeitigem absoluten Anwachsen, d. h. gegenständlicher und personaler Ausdehnung Beider, sich vollziehe. Und vielleicht stehen jene Phasen in einem causalen Zusammenhange, den wir am kürzesten durch Vergleich mit der Wirkungsweise eines Maschinenregulators verdeutlichen. [*]) Ein

---

[*]) Im Anfange herrschte der Collectivismus vor. Der Mensch ist in diesem Entwicklungsstadium noch so unvollkommen, der Natur gegenüber so schwach, dass er nur in engem Zusammenschluss den Daseinskampf zu bestehen vermag. So erfolgte die Bildung von Stammesstaaten, in denen die gemeinsame Abringung des Nahrungsspielraumes und dessen Vertheidigung gegen die feindlichen Stämme den Inhalt des Lebens ausmachten, Bedingung der Erhaltung waren und somit den Individualismus auch in wirthschaftlicher Hinsicht nicht aufkommen lassen konnten. Erst nachdem eine gewisse Entwicklungsstufe erreicht ist, der Mensch die Natur allmälig erkennen und sich dienstbar zu machen gelernt hat, der staatliche Verband erweitert und consolidirt ist, der Kampf zur Ausnahme, zum Mittel der Friedenssicherung geworden ist, kann der Individualismus sich in höherem Masse geltend machen und vollzieht sich eine civilisatorische Entfaltung durch denselben. Indem die Individuation sich durch Anpassung und Vererbung in dem Wesen des Menschen, auch körperlich, ausprägt, wird sie im wechselwirkenden Zusammenhange der Dinge weiterhin zur Quelle vorschreitender Entwicklung in gleichem Sinne. Es bildet sich das Sondereigenthum und die primäre Arbeitstheilung aus. Während bei den einen Völkern dieser Entwicklung durch den

bestimmtes Entwicklungsgesetz zu erweisen, übersteigt
unsere Competenz, und es hat diese Anregung mög-

Collectivismus mit der Erstarrung im Kastenwesen eine Grenze gesetzt
wird, wird bei anderen der Individualismus durch die Sclaverei auf
die Spitze getrieben. Die höchste Cultur des Alterthums beruht hierauf.
Allein sie ging wesentlich in der Richtung des Egoismus und fiel
damit schliesslich der Entartung anheim. Das Christenthum leitete
den Umschlag ein mit seinem Altruismus, der, universal geworden,
sich zu einem höchst machtvollen Collectivgebilde ausgestaltete, und
jugendkräftige Völker trugen überdies siegreich ihren eigenartigen
Collectivismus in die verfallene Civilisation hinein, welchen der Geist
des germanischen Rechtes im Gegensatze zum römischen so deutlich
zum Ausdruck bringt. Aus der Verschmelzung dieser Bildungen ging
das mittelalterliche sociale Leben hervor, das uns die Einzelnen in
feste Verbände eingeordnet zeigt, welche in reicher Gliederung die
Individuen collectivistisch umfassen, ohne ihnen jedoch die Möglichkeit der Eigenbethätigung und der Entwicklung völlig zu rauben.
Auch da finden wir im Laufe der Zeit wieder ein zunehmendes Her-
vortreten der Individuation, bis dieselbe durch den Umschwung der
Geister in der Renaissance und Reformation, die grossen Entdeckungen
und Erfindungen, die Umgestaltung des Verkehres, das Durchdringen
der Geldwirthschaft und endlich durch das Aufkommen der modernen
Technik einen ungeheueren Impuls erfährt, der dann natürlich in
den grossen Umwälzungen des privaten und öffentlichen Rechtes —
Reception des individualistischen römischen Rechtes, Durchdringen
des Rechtsstaates mit seinen Individual-Freiheiten — sich wieder-
spiegelt. Insbesondere seit dem vorigen Jahrhunderte hat der Individualismus die Oberhand gewonnen und unser ökonomisches Leben
auf ein nie dagewesenes Niveau gehoben. Allein, nun drängen sich
wieder höhere Gesammtlebenszwecke in den Vordergrund. Es zeigt
sich, dass durch den ausgeprägten vorwaltenden Individualismus
zwar eine ganz ausserordentliche Lebensentfaltung der hervorragen-
deren Individuen Platz greift, allein die Vorstellung gewinnt gleich-
zeitig Boden, dass die Gesammt-Erhaltung und -Entfaltung eine
grössere Gleichmässigkeit, eine Theilnahme auch der zurückgeblie-
benen Individuen an jenem höheren Grade von Lebensentfaltung
wünschenswerth mache. Zu diesem Ende wird der Collectivismus
angerufen. Stehen wir sonach wieder vor einer Periode relativer
Hervorkehrung desselben? Die Zeichen der Zeit scheinen doch wohl

licherweise kein anderes Verdienst als das des Irr-
thums, durch dessen Aufdeckung der Wahrheit gedient
wird. Würde sich aber ein solches Grundgesetz,
welcher Art immer, nachweisen lassen, dann wäre
allerdings eine wissenschaftliche Erkenntniss von
höchster Fruchtbarkeit, insbesondere auch für unser
engeres Forschungsgebiet, gewonnen.

dahin zu deuten. Es wäre ein tadelnswerthes Beginnen, diese grossen
geschichtlichen Folge-Erscheinungen sofort kühn zu einem Entwicklungsgesetze stempeln zu wollen. Mehr als eine erläuternde Exemplification zu obigem „Vielleicht" kann nicht beabsichtigt sein.

VI.

Auf Vorstehendem fusst eine für Forschung und Lehre gleich wichtige **Gliederung des Stoffes der theoretischen** (exacten) **Nationalökonomie**, bei welcher wir zugleich auf ein der Forschung wohlanpassendes Gewand der Darstellung reflectiren.

Den Ausgangspunkt, die Grundlage des „Systems", bildet die Analyse der **elementaren Erscheinungen** des Gesammtgebietes: der ökonomischen Bethätigung des Menschen in abstracto, abgesehen also von den Besonderheiten der socialen Beziehungen. Das ergibt die Grundbegriffe der Wirtbschaftslehre, die Gedanken-Wiederspiegelung jener generellen Erscheinungen, die wir in jedem ökonomischen Thun wiederfinden.[1]) Der gegenwärtige Zustand der Doctrin erheischt hier mancherlei „Revisions-" Arbeit, weniger in Bezug auf die Analyse selbst, als in Bezug auf richtige Definitionen, genaue Eintheilungen, gut gewählte Terminologie und Uebereinstimmung in derselben. Die berechtigten Klagen und Wünsche in dem Punkte sind bekannt.

---

[1]) „Solche Begriffe, als Bedürfniss, Werth, Gut, Arbeit, Production, sind wirthschaftliche Begriffe schlechthin, die, wenn man den Cyclus der Wirthschaftswissenschaften vollständig beschreiben will, in einen allgemeinen Theil wirthschaftlicher Grundbegriffe zu verweisen wären." Rodbertus, „Zur Erkenntniss" S. 137.

Aber auch in der erstbezeichneten Hinsicht dürfte
noch namhafter wissenschaftlicher Fortschritt zu erzielen sein: die Gewinnung wirklich allgemeiner ökonomischer Grundbegriffe in voller Reinheit, d. h. die
Heraushebung des wahrhaft Generellen der bezüglichen
Erscheinungen, die im Geltungsgebiete des Individualismus einerseits, des Collectivismus andererseits
schon zu Besonderheiten werden. Gegenwärtig leiden
wir an mannigfach privatwirthschaftlicher Färbung
der Grundbegriffe, welche dem Durchdringen zu voller
Klarheit sicher hinderlich ist. Das Bedürfniss nach
einem höheren, Alles überschauenden Standpunkte
äusserte sich allerdings bei manchen Gelegenheiten,
indem eine verschiedene Weite dieses oder jenes Begriffes „je nach dem allgemeinen volkswirthschaftlichen
oder nach dem einzelwirthschaftlichen Gesichtspunkte"
auffiel und constatirt wurde. Man ist indess der Sache
bisher nicht weiter nachgegangen. \
Auf so gewonnener Grundlage sind im unmittelbaren Anschluss die ökonomischen Erscheinungen des
Individualismus, die Einzel- oder — vielleicht
besser gesagt — Individual- oder Privatwirthschaft zu entwickeln, indem die drei Seiten desselben,
Egoismus, Mutualismus und Altruismus, auseinander
gehalten werden. Die Grunderscheinungen nehmen hier
im Individualismus specifische Formen an, wie: Gut
und Capital die des Besitzes, Werth die des Tauschwerthes u. s. w., und die Causalverbindungen derselben
ergeben eine Reihe von Gesetzen, in welchen ein sehr
bedeutender Theil des ökonomischen Lebens theoretisch
zu erfassen ist. Wie Jedermann weiss, war es gerade
das Bemühen der „alten Nationalökonomie", die aus
dem Verfolgen der Eigeninteressen seitens der Individuen hervorgehenden wirthschaftlichen Phänomene und

deren Causalzusammenhang erschöpfend festzustellen.
Es ist aber auch sicher, dass ihr das nicht zur Genüge
gelungen, vielmehr noch vieles zu thun übrig bleibt.
Der in diesen Blättern mehrgenannte österreichische
Forscher hat unlängst mit vielem Nachdrucke die
deutsche Wissenschaft an ihre Pflichten in der Hinsicht
gemahnt, die sie über einseitiger Ueberschätzung anderer Ziele vernachlässigte, und wir können von dem
betreffenden Autor selbst nach seinen Antecedentien
höchst fördernde systematische Leistungen eben dieser
Richtung erwarten.

Inwiefern die Aussonderung des Mutualismus und
die Einbeziehung des Altruismus sich als für die
Wissenschaft fruchtbar erweist, wird davon abhängen,
wie sie vor dem Richterstuhle positiver Kritik besteht.

Die Smith'sche Schule verschloss sich zwar
nicht der Erkenntniss, dass das Eigeninteresse nicht
das einzige Agens in der menschlichen Gemeinschaft
sei. Sie sprach von einem „Gemeinsinn", aber sie
wusste mit demselben ökonomisch nichts anzufangen.
Sie verwies ihn in die Ethik, veranlasst durch den
Vorgang des Meisters, welcher bekannter Massen der
Sympathy als Quelle unserer Handlungen eine selbständige Theorie („der moralischen Empfindungen")
gewidmet hat. Eigentlich muss es Wunder nehmen,
wie man sich damit bescheiden konnte, die unge-
heuere Kluft, welche sich in unserer Erfassung der
Menschheitserscheinungen aufthut, wenn man den
Menschen durchweg das eine Mal als selbstsüchtig, das
andere Mal als sympathetisch annimmt, dadurch über-
brückt zu wähnen, dass man die aus diesen entgegengesetzten Prämissen folgenden Schlüsse als ge-
trennte Wissensgebiete betrachtet, die gegenseitig von
einander absehen.

Es hat längere Zeit bedurft, bis man erkannte,
dass in solcher Gegenüberstellung von Eigennutz und
Gemeinsinn als ausschliessenden Gegensätzen ein unzu-
lässiger Widerspruch liegt, weil damit ein Zwiespalt in
dem inneren Wesen des Menschen gesetzt wäre, der
gleichbedeutend mit der Anerkennung eines sittlichen
Princips neben einem unsittlichen. Auch verstand Smith
die „moralischen Empfindungen", welche aus der *sympathy* unter den Menschen hervorgehen, eben als etwas
Wirkliches, nicht bloss Sein-Sollendes, so dass jener
Widerspruch gegen das eigensüchtige Handeln auch
nicht durch Auffassung derselben als blosse Moralvor-
schriften behoben werden konnte. Die exacte Forschung
muss, nachdem sie einem solchen Gegensatz zufolge
ihrer Methode gesetzt hat, ihn wieder lösen, indem
sie das Zusammenwirken beider Ursachen nach Mass
und Effect untersucht und so dem complexen Causal-
vorgange auf den Grund geht.[2])

Das Complement bildet dann die Erscheinungsreihe des Collectivismus nach seiner ökonomischen

---

[2]) Dadurch wird auch eine Unklarheit endlich beseitigt werden,
welche uns wesentlich mit Ursache der Irrthümer, resp. der Streitig-
keiten darüber zu sein scheint, ob die Erscheinungen des individuellen Egoismus abstracte Sätze seien, gewonnen auf „deductivem"
Wege aus der allgemeinen Annahme, „Hypothese", dass der Eigennutz
alle Menschen im gleichen Masse ausschliesslich beherrsche, oder aber
exacte Resultate „inductiver" Forschung (um den Gegensatz im
üblichen Sprachgebrauche zu bezeichnen). Man wird sie begreifen
als das letztere, aber eben nur als die eine Seite der Wirklichkeit,
welch' letztere erst durch die connexen Erscheinungen des Mutualismus und Altruismus voll erfasst wird, und wird in dieser Erkenntniss vollends bestärkt werden durch Inbetrachtnahme der collectivistisch vollzogenen Abgrenzung des Individualismus, durch welche
der individuelle Egoismus im Durchschnitte eine concrete Massbestimmung erhält.

Seite: die Gemein- oder Collectiv- oder Staatswirthschaft. Hier ist es, wo systematischer theoretischer Forschung — wenn unsere Auffassung die
richtige ist — die grosse Aufgabe harrt, die bezüglichen Phänomene als integrirenden Theil des Gesammtgebietes und eben wieder nur besondere Formen der
ökonomischen Grunderscheinungen festzuhalten und
in ihrem Zusammenhange wissenschaftlich zu bewältigen, wozu derzeit erst sporadische Anregungen vor-
liegen.

Zwar nahmen schon Rau und Hermann einen
Anlauf, den „Gemeinsinn" hier zu Ehren zu bringen,
allein sie geriethen Beide schon deshalb in falsches
Fahrwasser, weil sie die Gemeinwirthschaft nicht als
Theil der theoretischen Volkswirthschaft auffassten,
sondern als Volkswirthschaftspolitik und Finanzwissenschaft. Dass damit der obgedachte Widerspruch zwischen
den beiden Seiten des menschlichen Wesens gleichfalls
nicht behoben war, ist evident. Es mag dahingestellt
bleiben, ob nicht die unklare Empfindung dieses
Widerspruches, über den wir bei Smith einmal nicht
hinauskommen, eine Classe seiner Schüler zu dem ökonomischen Optimismus mit verleitete, welcher durch
den Widerstreit der Privatinteressen allein schon die
höchste Gesammtentwicklung herbeigeführt und ge-
sichert wähnte; eine Richtung, die natürlich völlige
Ausserachtlassung der collectivistischen, wie überhaupt aller Gestaltungstendenzen ausser dem Egoismus, einschliesst. Sie suchte nach den „ökonomischen
Harmonien", um jene Dissonanz, die sich aufdrängen
musste, zu beseitigen und glaubte sie in dem freien
Spiele der Einzelkräfte zu finden, welches sie — die
letzteren zu gleichveranlagten und materiell gleichge-
stellten Wesen idealisirend — als Gegeneinanderwirken

gleicher Kräfte auffasste, das eine Resultirende genau
in der Richtung der Gesammtentfaltung ergebe. Die
Volkswirthschaft realisirt hiernach *eo ipso* die Ziele
der Moral und geht ihrerseits völlig auf in der Privatwirthschaft. Dass diese Lehre die Erkenntniss der
Wirklichkeit nicht vermittelt, darüber ist heutzutage
wohl alle Welt einig.

Das Gegenstück, im äussersten Gegensatz und
doch in gewisser Hinsicht innerlich verwandt, zu dieser
Doctrin ist der Socialismus. Er vertritt die entgegen-
gesetzte Einseitigkeit. Das sociale Wesen geht ihm
gänzlich im Collectivismus auf, die Volkswirthschaft
identificirt sich ihm mit Gemeinwirthschaft; nur in
der Gesammtentfaltung vollzieht sich ihm die des Einzelnen. Natürlich muss er die Menschen ebenfalls ide-
alisiren, sei es, dass er vom Individualismus ganz und
gar absieht — Communismus —, sei es, dass er denselben auf ein Minimum reducirt, indem er seine
wesentlichste Unterlage, die individuelle Ungleichheit,
negirt — Socialismus im engeren Sinne. Deshalb muss
er das thatsächlich Bestehende pessimistisch auffassen
und kann seine Erscheinungsreihen nur als Wirklichkeit der Zukunft proclamiren, die entweder baldest-
möglich unvermittelt an Stelle der total verkehrten
Welt der Gegenwart gesetzt werden müsse, oder aus
letzterer sich mit innerer Nothwendigkeit von selbst
entwickeln werde. Agitatorische Tendenzschriften, die
an den Willen, und Socialromane, die an die Phantasie
appelliren, sind daher dem Socialismus congeniale
Formen der Darstellung. Die bezüglichen Schriften
beider Art enthalten stets so vieles Beiwerk, dass für
wissenschaftliche Zwecke die zu Grunde liegenden Ideen
erst als „Quintessenz" abdestillirt werden müsse. Diese
mühevolle Operation ist indess nicht ohne Früchte. Einer-

seits finden wir eine treffende, nicht selten übertreibende, immer aber lehrreiche Kritik der privatwirthschaft-lichen Zustände und der privatwirthschaftlichen Doc-trinen, andererseits werden wir auf die collectivistischen Potenzen aufmerksam. Uebt so der Socialismus, der uns hier nur in seiner Bedeutung für die Theorie, nicht aber auch für die Politik interessirt, an der entgegen-gesetzten Einseitigkeit negative und positive Kritik, welche die Wissenschaft unleugbar erheblich gefördert hat, so fordert seine eigene Einseitigkeit gleiche Kritik heraus, die von dem nämlichen Erfolge begleitet ist. Der „Kathedersocialismus" fasst hierauf, vermag aber wegen seiner missverständlichen Behandlung des Collec-tivistischen als Ethischen den obgedachten Widerspruch noch nicht zu überwinden.

Die exacte Socialforschung begreift den Collec-tivismus und den Individualismus als zwei gleich wesentliche Seiten der socialen Erscheinung des Men-schen, die sie in ihren Wirkungen gesondert verfolgt, aber niemals als den ganzen Menschen beherrschend ansieht. Und, wenn es ihr gelingt, auch über die wechselseitige Bedingtheit und das Verhältniss beider Potenzen allgemein Giltiges zu finden, so hat sie da-mit obigen Widerspruch gelöst. In diesem Sinne hätte sich nach unserer Auffassung die Collectivwirthschaft der Individualwirthschaft anzufügen.[3]

---

[3] Unser Verhältniss zu Schäffle und Wagner ist hiernach im Allgemeinen leicht zu kennzeichnen. Sie haben die Ersten den Collectivismus in die Theorie der Volkswirthschaft eingeführt. Solch' grosser Wurf musste Unvollkommenheiten an sich tragen. Es bleibt daher die Aufgabe, das eröffnete Feld unter dem Leitsterne fester methodologischer Grundsätze systematisch zu bebauen. Dabei hat die Theorie im Gegensatze zu den beiden Genannten sich von jeder Tendenz fern zu halten. Wenngleich es erklärlich ist, wieso Beide, durch den Widerspruch theils parteiischer Gegnerschaft, theils gei-

Die Erscheinungen des Mutualismus und des
Altruismus ergeben hiernach Theilgebiete der Privatwirthschaft und umfassen das, was Wagner als
freie Gemeinwirthschaften, sohin als Theilgebiet eines
der Privatwirthschaft entgegengesetzten „Systems“,
und als drittes, „caritatives“, System charakterisirt. Inwiefern die hier vertretene Auffassung als zutreffender
erkannt wird, wird davon abhängen, ob die *differentia
specifica* des Collectivismus sich als durchgreifend erweist, so dass diesem gegenüber die Zusammenfassung
aller Ausflüsse des Individualismus sich von selbst
ergibt. Ob das nun lediglich eine Aenderung der
Terminologie und Systematik oder aber eine positive
Förderung unserer Einsicht bedeutet, soll hier nicht
näher erörtert werden.[1]

stiger Trägheit genöthigt, polemisch den Weg zu dem neuen Gebiete
der Wissenschaft zu ebnen, zu solcher Haltung veranlasst wurden,
so darf die reine Theorie ihnen doch in dieser Richtung nicht folgen.

[1] Nur der eine Hinweis aber möge gestattet sein, wie ver-
schwommen nach der Wagner'schen Classification die unterschiedenen Gebiete der Wirthschaft erscheinen. S. 215 der „Grundlegung“
werden als Arten der Privatwirthschaften aufgeführt: erstens als typi-
sche Hauptform die Einzelwirthschaft einer physischen Person,
„welche aber in der Familienwirthschaft ihre naturgemässe Erweite-
rung, aber damit zugleich schon eine Annäherung an die Gemeinwirthschaft erfährt“, sodann die speculativen Erwerbsgesell-
schaften und einzelne Arten der Genossenschaften, „welche freilich
den freien Gemeinwirthschaften nahestehen oder selbst über-
wiegend den Charakter der letzteren haben können“ (abgesehen
von „Zwischenbildungen, welche theils in die Kategorie der Privat-,
theils in diejenige der Gemeinwirthschaft gehören“), endlich „alle
Gemeinwirthschaften“, insofern sie „wenigstens theilweise nach dem
privatwirthschaftlichen System fungiren“ (worunter annähernd
manche Staatsthätigkeiten, deren finanzielle Behandlung nach dem
sogen. Gebührenprincipe erfolgt“). Andererseits werden als „freie
Gemeinwirthschaften“ namhaft gemacht: S. 274 Kirche, ge-
werbliche Verbindungen, soferne kein Zwangsbeitritt, Versicherungs-

In der Collectivwirthschaft oder Gemeinwirthschaft finden vor Allem die „Beziehungen von Moral und Recht" zur Volkswirthschaft, wie uns scheint, eine systemgemässe Stelle und dadurch erst ihre richtige Verwerthung in der nationalökonomischen Theorie. Die bisherigen monographischen Untersuchungen über diese Materie, als so verdienstvoll sie anzuerkennen sind, geriethen theils durch die schiefe Auffassung der Volkswirthschaft als einer ethischen Wissenschaft in

vereine auf Gegenseitigkeit, Pfandbriefinstitute des Grundbesitzes, Volksbanken nach dem Schulze'schen Muster, Strassenanlagen von Grundbesitzervereinen, Omnibuslinien von freien Vereinen nächst-interessirter Personen, Schulvereine und Genossenschaften für Wohnungsbeschaffung, S. 272 überhaupt die heutigen Erwerbs- und Wirthschaftsgenossenschaften, S. 273 Lesevereine, Clubs u. dgl. mehr. Und Alles das wird, obschon nach S. 271 diese Verbindungen „durch die freie That der bei ihnen zunächst interessirten Personen gebildet werden und durch einen Vertrag derselben entstehen", ihnen demnach ein bewusstes Motiv des Vortheils zu Grunde liegt oder m. a. W. dieselben „wie die Privatwirthschaften in letzter Linie auf dem wirthschaftlichen Selbstinteresse beruhen, welches die Privaten in der Vereinigung der Kräfte bessere oder in manchen Fällen überhaupt erst mögliche Befriedigung bestimmter Bedürfnisse gewinnen lehrt", dennoch mit den „Zwangsgemeinwirthschaften" des Staates, der Gemeinde etc. in eine Classe eingereiht, blos weil keine specielle, vollständige und genaue Entgeltlichkeit von Leistung und Gegenleistung, sondern eine Kostenrepartition bei nicht präciser Verhältnissmässigkeit der Einzelvortheile platzgreift, die „Solidarität" das vereinigende Princip ist, zuweilen auch „gemeinnützige Motive" in's Spiel kommen. Es ist das nichts Anderes, als unser Mutualismus, resp. Altruismus, der doch von den Zwangsgemeinwirthschaften, welche Wagner (S. 199) als „im Gesammtinteresse der Gattung" und „eben deshalb oft mit Hinwegsetzung über das Interesse des Individuums" von der „organisirten Gewalt" gegebene Ordnung charakterisirt, offenbar so durchgreifend verschieden ist, dass die Zusammenziehung in einen Begriff nur mit innerem Widerspruche möglich erscheint.

falsche Bahnen, theils sind sie erst sporadische Anläufe, und der hochbedeutsame Vorgang Wagner's
einer systematischen Verwebung des Verkehrsrechts
in die Grundlegung der Wirthschaft erschien ohne
volles Erfassen des Collectivismus als nicht genügend
vermittelt, ja Manchen geradezu als Uebergreifen in
ein fremdes Gebiet (die Rechtsphilosophie). Es handelt
sich nun darum, die collectivistisch vollzogene Begrenzung des Individualismus zum Ausgang zu nehmen.
die für bestimmte Entwicklungsstadien zugleich je
eine gewisse Massbestimmung für den letteren ergibt,
welche exacte Gesetze seiner Wirkungen zulässt. Implicite setzen dies ja auch diejenigen Forscher voraus,
welche bei ihren Untersuchungen über die aus dem
Egoismus der selbstwirthschaftenden Individuen ent-
springenden Erscheinungen einen bestimmten Gesell-
schaftszustand („a" society), in der Regel den gegen-
wärtigen unserer Culturvölker mit den den Einzelnen
allgemein beherrschenden sittlichen Anschauungen und
Rechtsnormen, im Auge haben. Bewusste Klarheit
hierüber vermag u. E. erst die Würdigung von Ethos
und Recht als Ausflüsse des collectivistischen Gesammt-
Entfaltungsstrebens zu bringen[5]) und hoffentlich

---

[5]) Die Zurückführung des Rechtes auf den individuellen Egoismus allein, die Erklärung seiner Entstehung als selbstgesetzter Beschränkung desselben im eigenen wohlverstandenen Interesse, scheint
uns nicht zureichend. Der Widerspruch, dass auch Recht durch die
Macht des Stärkeren gesetzt wird, ist unleugbar. Der Collectivismus,
als Quelle der betreffenden Erscheinungen aufgefasst, behebt, meinen
wir, diesen Widerspruch. Denn es ist ein eigenthümlicher Zug des
Collectivismus, durch Ausübung von Macht seitens Ueberlegener,
welche für sich oft lediglich egoistisch bestimmt sind, zur Verwirklichung zu gelangen. So sehr daher z. B. Gumplowicz im Recht ist,
wenn er auf solche Macht- und Herrschaftsverhältnisse als Urgrund
und Eigenart des Staates, in seinen unentwickelten wie in seinen

wird die Wissenschaft schliesslich auch zu bestimmten
Entwicklungsgesetzen in dieser Hinsicht gelangen.

Ist hiermit der Collectivismus vorerst nach seiner
negativen Seite gegenüber dem Individualismus erfasst,
so kommt seine positive Bethätigung sofort in Frage.

In dieser Richtung würde zu untersuchen sein,
wie sich die ökonomischen Grunderscheinungen in ihm
gestalten, z. B. das Gut zum allgemeinen Genussgute,
resp. collectivwirthschaftlichen Capitale, die Arbeit zu
einer amtlichen Function wird, die Werthbestimmung
collectivistisch, die Arbeitstheilung als ständige ge-
sellschaftliche Organisation sich vollzieht, u. s. w.
Sodann, wie weit die collectivistische Wirthschaft als
selbständiger ökonomischer Process die Individualwirthschaft ausschliesst oder letztere nur in einzelner
Hinsicht lenkt. Es ist dies dasjenige, was man „Volkswirthschaftspflege" nennt, aber in einem anderen Lichte,
als unter welchem die herkömmliche Behandlungsweise
diese Erscheinungen betrachtet. Dieselbe macht jene zur
„Wissenschaft von den Grundsätzen zur zweckmässigen
Förderung der Volkswirthschaft seitens der öffentlichen
Gewalten". Wie kommt es denn, dass der Staat als
fremde, aussenstehende Macht in das Getriebe der Volkswirthschaft „eingreift"? Woher nimmt „der Racker"
Befähigung und Befugniss dazu her? Und was ist das
auch für eine „Wirthschaft", die erst einer solchen

---

hochentwickelten Formen, Nachdruck legt, so ist das doch nur die
äussere Erscheinung, das Medium des Collectivismus; ein Verhältniss,
welches sicher viel dazu beitrug, die Natur dieser Socialgebilde so
räthselhaft erscheinen zu lassen. Die Einen erblickten — idealistisch —
im Staate ein ethisches Wesen, die Andern sahen — realistisch —
nichts als rohe Gewalt. Darin, dass die letztere zum unwillkürlichen
Werkzeuge des ersteren wird, liegt die Auflösung des Widerspruches
in einer zusammenfassenden Erkenntniss.

Förderung von aussen her bedarf? Die Klugheits-
maximen und Zweckmässigkeitsprincipien der Kunstlehre vermögen uns darüber keinen befriedigenden
Aufschluss zu geben. Solchen erhalten wir erst, wenn
wir das bezügliche „Walten" des Staates als generelle ökonomische Erscheinung im Ganzen und als
generelle Relation von ökonomischen Erscheinungen im
Einzelnen zu erfassen vermögen. Die Kunstlehre behält
dann bezüglich der je nach Umständen geeigneten Mittel
zum Zwecke noch immer ihr volles Recht.

Aber nicht nur, dass uns der Staat nicht länger
als eine höhere Gewalt erscheint, welche von aussen
her das Getriebe der Volkswirthschaft autokratisch
beeinflusst nach Zweckmässigkeitsrücksichten oder
Motiven, die er anderen Gebieten als dem der Wirthschaft entnimmt: wir erkennen jetzt in dieser Bethätigung des Staates einen wirthschaftlichen Vorgang,
in welchem die vom Staate zusammengefasste Gesammtheit sich aus inneren Gründen der Oekonomie selbst
bethätigt.

Es wurde vor Kurzem auf den Unterschied hin-
gewiesen *), welcher zwischen den Socialgebilden ob-
waltet, je nachdem sie als das Ergebniss menschlicher,
auf ihre Begründung und Gestaltung gerichteter Be-
rechnung, oder als die unbeabsichtigte Resultante vieler,
individuelle Interessen verfolgender Bestrebungen der
Einzelsubjecte erscheinen, m. a. W. das „Product social-
teleologischer Factoren oder das unreflectirte Ergebniss gesellschaftlicher Bewegung" sind. So wohlange-
bracht diese Distinction für die Zwecke, welche sie
veranlasste, ist, so war sie doch der missverständlichen
Deutung ausgesetzt, als ob die selbstthätigen ge-

*) Menger, Untersuchungen, III. Buch.

sellschaftlichen Kräfte in dem Individualismus sich
erschöpfen. Nach unserer Auffassung ist das „ziel-
bewusste Eingreifen der öffentlichen Gewalten in die
gesellschaftlichen Verhältnisse" selbst wieder nur die
gesetzmässige Aeusserung einer socialen Grundkraft,
des Collectivismus. Die Reflexion, welche als solche
uns sociale Phänome der betreffenden Classe nur individuell erfassen lehrt, stellt sich lediglich als das
Medium dar, durch welches die elementare Gestaltungskraft ihren Durchgang zur concreten Erscheinung
nimmt. Es bedarf erst einer Erklärung, warum die
bewusste Gesammtthätigkeit nothwendigerweise sich
dieses oder jenes Ziel setzt, so dass wir, wenn wir mit
pragmatischer Erforschung der einzelnen Phänomene
die nächste Ursache derselben erkannt haben, durch
ihre Zurückführung auf generelle Erscheinungen und
Gesetze erst die letzte Ursache aufzufinden vermögen.
Der Wille des Einzelnen, wie der Wille einer Personen-
gesammtheit stehen hinsichtlich ihrer Determination
sich völlig gleich, und wenn wir von Verflechtung
des ersteren in stricte Causalität ausgehen, so müssen
wir das Nämliche bezüglich des letzteren durch-
führen. Der Unterschied ist nur der, dass in dem
einen Falle die Richtung auf das sociale Resultat dem
Einzelnen unbewusst bleibt und uns erst durch die
wissenschaftliche Erkenntniss zum Bewusstsein gebracht
wird, während im andern die Gesammtheit sich ihrer
concreten Willensrichtung wohl bewusst ist, die Wissenschaft aber erst uns das Bewusstsein vermittelt, dass
dies die Folge einer dahinführenden Prädisposition
der Einzelnen ist, aus denen sich die bezügliche Gesammtheit bildet.[7]

---

[7] Diese Bemerkung richtet sich auch gegen die von Wagner
(Grundlegung, S. 202) gebrauchte Wendung, dass die Volkswirthschaft

In diesem Sinne wird die Volkswirthschaftspflege, die bisher ausschliesslich als Kunstlehre betrachtet wurde, zu einem Theile der theoretischen Volkswirthschaft (Staatswirthschaft), der zu jener in demselben Verhältnisse steht, wie eben die theoretische Nationalökonomie zur praktischen Nationalökonomie überhaupt.

Das Nämliche gilt vom Finanzwesen. Nach der landläufigen Behandlungsweise erscheint dasselbe als eine unwillkommene Störung der Volkswirthschaft, die in ihrem schädlichen Einflusse möglichst zu mildern getrachtet werden müsse — ältere Auffassung — oder als eine Beanspruchung der wirthschaftlichen Kraft des Volkes für „höhere" Zwecke des Staatslebens, zu welchem Behufe der Staat mit absoluter Selbstherrlichkeit eine eigene „Zweckwirthschaft" betreibt — neuere Theorie. Ein Autor allerdings hat mit genialer Intuition dagegen reagirt: S t e i n mit seiner „organischen"

---

nicht blos ein „Organismus (der in Wechselbeziehungen stehenden Privatwirthschaften), sondern auch eine „Organisation", eine „menschlich gewollte und von Menschen k ü n s t l i c h absichtsvoll und planmässig g e m a c h t e Organisation", aus einem „Naturproduct des blossen menschlichen T r i e b l e b e n s" ein menschliches vernunftgemässes „K u n s t product" geworden sei. So richtig die polemische Tendenz der citirten Ausführung, so schiefer Auffassung scheint uns der sprachliche Ausdruck fähig. Derselbe würde das Walten einer nur teleologisch zu begreifenden, dem Oekonomischen gegenüber excentrischen Macht involviren, was W a g n e r gewiss nicht meint. Das Walten der Vernunft auf dem ökonomischen Gebiete muss vielmehr auf ökonomische Factoren selbst zurückgeführt werden. Sonst käme man zu einer zweiten Auflage jenes Dualismus von Causalitätsgesetz und Zweckgesetz im Sein, mit welchem I h e r i n g („Zweck im Recht", Vorrede, wo er zudem jenen Dualismus mittels des *Deus ex machina* wieder in einen Monismus verwandelt) die Welt überrascht hat.

Theorie (der Reproduction der Staatseinnahmen durch
die in den Ausgaben gelegene Staatsthätigkeit: die
Production derjenigen Existenzbedingungen, welche die
Einzelwirthschaft sich nicht selbst zu sichern vermag).
Aber die Stein'sche Theorie musste, ganz abgesehen
von der Art und Weise ihrer Begründung und Durch-
führung, in der Luft schweben, solange nicht mit
ökonomischer Qualificirung der Staatsthätigkeit, wie
unendlich hoch man immer ihre Bedeutung ausser-
wirthschaftlich anschlägt, als collectivistische Dar-
bietung von Gütern und Leistungen [8]) in einer „Staatswirthschaft“ der feste Boden gewonnen ist.

Wie Letzteres zu erreichen, dafür haben wir mit
unseren Finanzprincipien des „allgemeinen Genuss-
gutes“, „der öffentlichen Anstalt“ und der „öffentlichen
Unternehmung“ einen Weg zu finden versucht. [9]) Die
Terminologie und die Resultate an sich geben wir,
wenn eines Besseren belehrt, gern Preis, aber die
Tendenz der bezüglichen Theorien hätte, wie wir
meinen, jene vornehme Ignorirung nicht verdient, die
ihr bisher zu Theil geworden ist. Das ökonomische
Wesen der bezüglichen Erscheinungen gehört in die
theoretische Nationalökonomie. An dieser Ansicht

---

[8]) Um einem Missverständnisse vorzubeugen, sei ausdrücklich
bemerkt, dass wir dem Vorgange Carl Dietzel's in dem „System der
Staatsanleihen“, 1855, welcher alle Staatsthätigkeit in Production auf-
löst, keineswegs folgen. Dietzel's Auffassung ist entschieden ein
Irrweg, da sie mit einem ökonomischen Begriffe das ganze Staatsleben erschöpfen will und dazu nur durch Ausdehnung des Guts-
begriffes in nichtökonomischem (ethischem) Sinne gelangen kann.
Unsere Auffassung setzt freilich eine andere als die herkömmliche
Behandlung der „Leistungen“ in den Grundbegriffen voraus.

[9]) In den „Verkehrsmitteln“, Bd. I, S. 80 und Schönberg's Handbuch, Bd. I, S. 390.

halten wir fest. Neuestens hat übrigens Schäffle mit Charakterisirung der Abgaben als eines Momentes des grossen volkswirthschaftlichen Vertheilungsprocesses[10] durchweg in unserem Sinne gesprochen. Es bedarf nur der systematischen Durchbildung dieser Lehren als Theil der theoretischen Staatswirthschaft[11]; der Finanzwissenschaft als Kunstlehre wird hierdurch kein Eintrag gethan.

Vielleicht scheint es, als ob diese ganze Entwicklung überflüssig gewesen wäre, wenn wir kurzweg die Volkswirthschaft ohne den Staat und den Staat in der Volkswirthschaft einander gegenübergestellt hätten als Privatwirthschaft und Collectivwirthschaft. Allein damit wäre eben gegen den derzeitigen Zustand unserer Wissenschaft kein Fortschritt vollzogen. Es kommt darauf an, die *causa movens* blosszulegen, sowie, dass diese in beiden Gebieten auf die ökonomischen Grundverhältnisse zurückführt, dass insbesondere in der Staatswirthschaft nicht der Staat die innere *causa movens*, sondern selbst von letzterer in Bewegung gesetzt ist. Eben das tritt aber in der herkömmlichen Auffassungs- und Behandlungsweise nicht im nothwendigen Masse klar hervor. Ohne solches wird die Abgrenzung zwischen Privat- und Staatswirthschaft, sofern letztere überhaupt als Object der theoretischen Volkswirthschaft anerkannt wird, unsicher oder Gegenstand einer *petitio principii* und die ökonomische Stellung des Staates, welche jetzt zwischen den beiden Extremen einer Qualification als ökonomisches Gut einerseits und einer über alle Wirthschaft

---

[10] Steuerpolitik, S. 11 ff.

[11] Dem gleichen Ideengange entstammend, nur noch unklar, die Bemerkung in unseren „Verkehrsmitteln" I, S. 5.

erhabenen Macht andererseits schwankt, nicht mit der erforderlichen Präcision bestimmbar. [12])

------ --------

[12]) Mit dieser richtigen Stellung im ökonomischen Systeme wird der Staat erst überhaupt eine feste Position in der theoretischen Wissenschaft der Volkswirthschaft bekommen. Nicht nur, dass er jetzt bald da-, bald dorthin verwiesen wird, wird er zuletzt selbst ganz von dem Gebiete ausgewiesen. Dahin gelangt z. B. Dietzel (Zeitschrift f. d. g. St.). Er kann in seiner „Socialökonomie" (d. h. der Privatwirthschaft ohne der complementären Staatswirthschaft) den Staat ökonomisch nur derart würdigen, dass er zwar seine ungeheure Macht und Bedeutung anerkennt, aber als gleich wirksam für alle ihm unterworfenen Wirthschaftssubjecte im Verhältniss derselben zueinander wie einen durchlaufenden Buchungsposten ausser Rechnung stellt. Ganz ununtersucht gelassen, ob das an sich immer zutrifft, thut es doch jedenfalls im Verhältnisse der Angehörigen verschiedener Staaten der Wirklichkeit sicherlich Gewalt an.

VII.

Es wirft sich nunmehr die Frage auf, in welchem Verhältnisse die praktische Nationalökonomie zu der reinen Theorie steht, nachdem zufolge der im Vorstehenden durchgeführten Auffassung so Manches in Letzterer bereits behandelt scheint, was herkömmlich lediglich als angewandte Nationalökonomie erfasst wurde. Zu diesem Behufe ist es nothwendig, der besprochenen Scheidung von Erkenntnisslehren des Seins und des Sein-Sollens — nach der gebräuchlichen Formulirung — etwas näher auf den Grund zu gehen. Es ist zu untersuchen, in welchem Sinne uns diese Formel zum Ziele führt.

Sollten damit stricte Gegensätze bezeichnet sein, so müsste das Sein-Sollen dem Sein widersprechen; denn wenn das, was sein soll, auch wirklich ist, dann fällt die Lehre von Ersterem mit der Erkenntniss des Letzteren zusammen. Wo bliebe dann das Unterscheidende zwischen den beiden Seiten der Doctrin? Soll ein solcher Unterschied obwalten, so muss er folglich, wenn er nicht in einem stricten Gegensatze des Seins und des Sein-Sollens gesucht wird, in einem Verhältniss Beider zu einander gefunden werden, welches nicht das der Identität und nicht das des Gegensatzes ist, sondern irgendwie anders bestimmt wird.

Das Nächstliegende wäre, jenen Gegensatz als den von Ideal und Wirklichkeit hinzustellen und zu behandeln. Dies würde die praktische Nationalökonomie zu einem Zweige der Ethik machen. Das ist indess — nach dem an früherer Stelle über den Punkt Bemerkten — offenbar nicht angängig, wird von Niemand ausdrücklich oder implicite angestrebt oder angenommen, zumal selbst diejenigen, welche die Nationalökonomie zu einer ethischen Wissenschaft stempeln wollen, eigentlich nur behaupten, dieselbe müsse die Ethik im Auge behalten und dürfe also mit ihren Lehren nicht gegen die Gebote der Letzteren verstossen.

Eine gewisse Richtung sucht die Lösung des gedachten Widerspruches in dem Widerspruche selbst, nämlich die dialektische Richtung, welche in dem Widerspruche des Seins und des Nichtseins das grosse Weltgesetz erblickt, in dem sich Alles abspielt. Es ist dies nicht die Dialektik der Ideen, als deren Abbilder die Philosophie Hegel's die Dinge dieser Welt und ihre Entwicklung betrachtet, sondern die Dialektik der Dinge selbst, wie sie von den Schülern Hegel's Marx, Engels vertreten wird. Diesen erscheint alles Sein in steter Umwandlung begriffen, fortwährend bestrebt, sich zu seinem Gegensatze zu gestalten. Jedes organische Wesen z. B. sei in jedem Augenblicke dasselbe und nicht dasselbe; in jedem Augenblicke nimmt es Stoffe von aussen auf und scheidet andere von sich aus, verändert sich also; in jedem Augenblicke sterben zahllose Körper ab und bilden sich zu neuen. Ursache und Wirkung seien Vorstellungen, die nur in der Anwendung auf den einzelnen Fall als solchen Giltigkeit haben, die aber zusammenfliessen, sobald der einzelne Fall in seinem Zusammenhange mit dem Weltganzen in's Auge gefasst wird, sich auflösen in

der Anschauung der universellen Wechselwirkung, wo
Ursache und Wirkung fortwährend ihre Stelle wechseln,
das, was hier oder jetzt Ursache ist, dort oder dann
Wirkung wird und umgekehrt. Im ewigen Flusse sind
die Dinge begriffen, indem das Sein fortwährend in
sein Gegentheil umschlägt, zu letzterem mit Nothwendigkeit sich entwickelt.

Wie consequent Marx an diesem Gedanken fest-
hält, ist jedem Leser des „Capitals" erinnerlich, dessen
Pointe ja darauf hinausgeht, eine socialistische Volkswirthschaft als nothwendiges Entwicklungsproduct der
capitalistischen Productionsweise hinzustellen.

Eine Erkenntnisslehre des Sein-Sollens könnte
von diesem Standpunkte aus nichts anderes bedeuten
als die Auffindung der nothwendigen Entwicklungs-
erscheinungen nach obigem Universalgesetze.

Die Weltanschauung, welche dem zu Grunde
gelegt ist, beruht indess auf einem selbstgesetzten
Axiome, die damit operirende Methode ist somit eine
abstract-deductive, und die Resultate, zu welchen
letztere führt — auf unserem Gebiete, wie überhaupt
auf jedem, das sie in ihren Bereich ziehen würde —
sind lediglich speculativen Charakters. Vielleicht ge-
nussreich für den Denker, welcher sich am dialektischen
Spiele ergötzen mag, aber von zweifelhaftem Werthe
für Wissenschaft und Leben. Die Früchte, welche
diese Methode bietet, soweit sie überhaupt die Wirklichkeit begreift, sind in einer dicken, herben Schale
eingeschlossen, die zu durchbrechen nicht Jedermanns
Sache ist. Und schliesslich läuft sie darauf hinaus,
das Bestehende zu negiren, um in mechanischer Gleich-
förmigkeit stets das Gegentheil desselben als das Sein-
Sollende zu proclamiren. Denn so bestrickend auch
auf den ersten Anblick die oberste Prämisse sein mag,

von welcher jene Anschauung ausgeht, so schliesst sie doch ersichtlich den Fehler ein, das „Bleibende im Wechsel" zu ignoriren. Wie aber gerade in letzterer Hinsicht die grössten Triumphe des Naturerkennens errungen wurden, so werden wir uns auch in den socialen Erscheinungen nicht mit der falschen Generalisirung des ewigen Wechsels begnügen; die grössten Irrthümer würde das mit sich bringen.

Man könnte nun versucht sein, das Verhältniss des Seins zum Sein-Sollen als das des Seins und des daraus Werdenden festzuhalten, ohne sich an eine derartige axiomatische Marschroute zu binden. Das ergäbe eine unvoreingenommene Untersuchung und Voraussicht desjenigen, was sich auf Grund der Gesetze des Seins aus Letzterem entwickeln muss. Mit einiger Sicherheit könnte dies vor Allem nur auf die nächste Zukunft gegenüber der Gegenwart unseres Erlebens bezogen werden, weil, was die ganze zukünftige Entwicklung anbelangt, wir — ganz abgesehen von dem Mangel eines praktischen Interesses an solcher Vorausbestimmung — nicht hinreichende Sicherheit besitzen, dass unsere Erkenntniss des Seins vollständig und zutreffend genug ist, um so weiten Ausblick mit Gewissheit des Eintreffens der Vorhersage zu gestatten. Somit bliebe nichts weiter als die Anwendung der allgemeinen Gesetze der ökonomischen Phänomene nach dem jeweiligen Stande der Wissenschaft auf die concreten Erscheinungen der Gegenwart hinsichtlich ihrer unmittelbaren Fortentwicklung. Beispielsweise die Anwendung des Gesetzes der Collectivwirthschaft, dass dieselbe da eintritt, wo sich die Privatwirthschaft aus diesem oder jenem bestimmten Grunde als antiökonomisch erweist, auf einzelne bestimmte Fälle, bezüglich welcher die eben gedachte

Voraussetzung eben gegenwärtig für uns in Frage
kommt. Dabei würde schliesslich nichts Anderes resul-
tiren, als eine Reihe von „Fragen", wie sie die Gegenwart gerade bewegen. Das könnte nun ein recht brauch-
bares Vademecum für den ökonomischen Politiker sein,
offenbar wäre es aber bei dieser Fragensammlung von
vornherein schon höchst fraglich, ob selbe ein wissen-
schaftliches System, also eine zusammenhängende
Reihe in sich geschlossener wissenschaftlicher Erkenntnisse, bilden könne.

Allein ein ernsterer Einwand ist gegen solche
Behandlung zu erheben. Die theoretische Erkenntniss
des Seins umfasst, wenn sie vollständig genannt zu
werden verdient, nicht blos die Gegenwart oder überdies die historische Vergangenheit, sie umfasst auch
die nur zu erschliessenden prähistorischen Entwicklungsstadien, wie die überhaupt in unseren Gesichtskreis
fallende Zukunft. Denn sie erfasst das, was mit N o t h-
w e n d i g k e i t i s t, also deshalb w a r und sein w i r d.
Solche „Fragen", wie die vorhin gedachten, sind daher,
sofern sie in allgemeiner Uebereinstimmung in be-
stimmtem Sinne beantwortet werden, Thatsachen-
Materiale zur Ableitung der theoretischen Gesetze,
sofern sie aber controvers erscheinen, überhaupt nur
in dem Sinne Gegenstand der Wissenschaft, dass die
verschiedenen subjectiven Meinungen neben einander
aufgeführt, raisonnirend verglichen und etwa auch zu
einem Conclusum geführt werden, das wieder nur Anspruch auf subjective Giltigkeit besitzt. In solchem Falle
liegen dann objectiv verschiedene Wege zu einem gewissen
Ziele vor und es wird alsbald darauf zurückzukommen
sein, wohin dergleichen Erörterungen rangiren.

Ein anderer Sinn des vorangestellten Verhältnisses wäre schliesslich das zwischen Allgemeinem und

Besonderem, und es scheint in der That, dass dieses
uns auf den Kern der Sache führt. Die Fülle der
Erscheinungen kann ich offenbar von zweifachem
Standpunkte aus bewältigen. Erstens, indem ich das
Generelle der Erscheinungen aus dem Besonderen ab-
leite, so dass die concreten Phänomene sich nur als
Exemplificationen der bezüglichen allgemeinen Erkenntnisse darstellen. Und sodann, indem ich umgekehrt
zu erkennen suche, wie das Besondere beschaffen sein
muss, wenn es eine Exemplification des Allgemeinen
ist. Das Erstere ergibt die (reine) Theorie; das Letztere
wäre lediglich Phantasiespiel, wenn die vorausgesetzten
allgemeinen Sätze blosse Annahmen wären. Sind es
aber positive Ergebnisse theoretischer Forschung, dann
stellt die betreffende Untersuchung offenbar die Detail-
betrachtung dar, welcher man ein Object unterzieht,
nachdem man sein Wesen und seine Beschaffenheit
allgemein festgestellt hat. Auf vorliegendem Gebiete
wäre es die Concretisirung des ökonomischen
Zweckhandelns, die man in die Verschiedenartigkeit der praktisch in Betracht kommenden Wirthschafts-
zustände verfolgt; m. a. W. eine Uebersicht des ökonomischen Vorgehens, welches als Ausfluss des Gesetzes
der Wirthschaftlichkeit in den verschiedenen Bethäti-
gungen sich ergibt. Und das präsentirt sich äusserlich
als eine systematische Anordnung von Lehrsätzen in
Betreff des ökonomisch richtigen Handelns unter den
diversen einschlägigen Verhältnissen.

Insoferne haben wir im Grunde auch nichts Anderes
vor uns als eine logische Subsumtion der bunten
Mannigfaltigkeit des Besonderen unter das Generelle
der Erscheinungen. Aber die Nützlichkeit eines derartigen Eindringens in die Details für die Forschung
sowohl wie für Lehrzwecke ist offenliegend, so dass schon

eine solche „praktische" Behandlung unseres Gebietes
als Ergänzung der grundlegenden Theorie sich empfehlen
würde, wenn damit die Aufgabe erschöpft wäre.[1])
Allein es kommt etwas Anderes hinzu. Einem
gegebenen Zwecke dient zu seiner Verwirklichung das
Mittel, dienen oft mehrere Mittel, und wenn nun die
Fülle des Stoffes unseres Gebietes wissenschaftlich
vollständig beherrscht werden soll, so muss auch diesen
Bedingungen der Zweckerreichung das Augenmerk
zugewendet werden. Das stellt uns folglich die Aufgabe, die Mittel zum Zwecke, resp. die verschiedenen
Mittel zu einem und demselben Zwecke, in's Auge zu
fassen hinsichtlich ihrer absoluten und relativen Eig-
nung, der davon abhängigen äusseren Gestaltung des
Zweckhandelns und zuweilen der Rückwirkung auf
letzteres selbst, insofern die concret zur Verfügung
stehenden Mittel nur ein beschränkteres Mass von

---

[1]) Insoferne scheint die Bezeichnung „besonderer Theil" gegenüber der als „allgemeiner Theil" vorangeschickten Theorie nicht
ganz unangemessen. Denn, wenn Menger (a. a. O. S. 59) die Ergebnisse der exacten Theorie als die „Gesetze der Wirthschaftlichkeit"
bezeichnet, d. h. der Bethätigung des Menschen, sofern er wirthschaftlich handelt: bedarf es mehr als einer einfachen Umkehrung,
um daraus „Grundsätze der Wirthschaftlichkeit" zu machen, d. i.
Vorschriften, wie der Mensch handeln muss, wenn er wirthschaftlich
verfahren will? Das wäre ein lediglich formaler Unterschied, ein
Unterschied in der Formulirung. Ein materieller Unterschied ist da
u. E. nur zu statuiren, wenn wir das einemal das Allgemeine dieser
Erscheinungen hervorkehren, das anderemal die besonderen Erscheinungsformen verfolgen, welche jenes unter den „verschiedenen Verhältnissen" annehmen muss. Damit ist nicht gesagt, dass nicht
Menger mit seinen Einwendungen (S. 246) gegen die Sonderung der
Disciplin in einen allgemeinen und besonderen Theil in dem Sinne,
wie z. B. von Neumann im Schönberg'schen Handbuch, im
Rechte ist. Dagegen auch Dietzel (Ztschr. f. d. g. St.). Eine
solche Scheidung, wenn vollends mit dem Gegensatze von theoretisch und praktisch identificirt, ist in der That unhaltbar.

Zweckerreichung ermöglichen gegenüber anderen, nur
in thesi in Betracht kommenden. Eben das scheint
uns die zweite Aufgabe einer praktischen Volkswirthschaft, die sich auch der erstgedachten, der Concretisirung der Zwecke, logisch anschliesst, da ja erst für
den concret gesetzten Zweck das Mittel zur Frage
gestellt werden kann. Sie wird dadurch im richtigen
Sinne des Wortes eine Kunstlehre und ergänzt als
solche die Errungenschaften der reinen Theorie in
wirksamer Weise.

Die Theorie gewinnt dadurch gleichsam Fleisch
und Blut und wird für viele, zum abstracten Denken
minder veranlagte und geschulte Geister erst recht
verständlich und eben durch ihre praktischen Consequenzen werthvoll. Auch für die Forschung selbst ist
dieses Anfassen der Sache von ihren beiden Seiten
von evidentem Nutzen.

Unter den eben gedachten Gesichtspunkt ist auch
der Fall zu subsumiren, dass für einen und denselben
allgemeinen Zweck mehrere Wege offen stehen, so dass
die Wahl zwischen denselben, die an sich eine concrete
Zwecksetzung, im Verhältniss zu jenem als Mittel
erscheint. Auch solche Fälle wären daher hier einzubeziehen und in gleicher Weise zu behandeln. Der
Autor, auf welchen wir so vielfach Bezug zu nehmen
Anlass hatten[2]), weist der Kunstlehre die Aufgabe zu,
„die Grundsätze festzustellen, nach welchen Bestrebungen bestimmter Art, je nach der Verschiedenheit
der Verhältnisse, am zweckmässigsten verfolgt werden
können, uns zu lehren, was nach Massgabe der Verhältnisse sein soll, damit bestimmte menschliche Zwecke
erreicht werden". Wir glauben diese Kennzeichnung
im Sinne der vorstehenden Erörterung auffassen zu

---

[2]) Menger, Untersuchungen etc. S. 7.

müssen, weil sonst nicht besagt wäre, welche Ziele erreicht werden sollen, also die beliebige Setzung solcher eingeschlossen wäre. Es wäre folglich den *petitiones principii* die Thür geöffnet und das Sein-Sollen der Subjectivität jedes Autors anheimgegeben.

In der Beziehung auf die Mittel des concreten ökonomischen Zweckhandelns liegt aber der Keim einer ernsten Schwierigkeit hinsichtlich richtiger Begrenzung des Gebietes. Es muss dabei auf die Technik Bezug genommen werden, und man läuft Gefahr in die Technologie selbst zu gerathen. Die Grenze der Gebiete wäre, scheint uns, dadurch zu respectiren, dass die praktische Oekonomie die Technologie voraussetzt und nur die verschiedenen Verfahrungsweisen derselben nach ihren ökonomischen Seiten würdigt, während die Technologie die Oekonomie voraussetzt und nur für gewisse ökonomische Zwecke die äusseren Mittel nach ihrer technischen Seite untersucht. Das, was die Forschung anbelangt. Bei der Lehre freilich kann es zweckmässig werden, die Grenzen beider Gebiete zu verwischen, zumal sie sich im Leben gegenseitig bedingen und in der Bethätigung seitens der Menschen zusammenfallen.

Im Zusammenhange mit der im Vorausgegangenen vertretenen Gliederung der volkswirthschaftlichen Theorie ist eine entsprechende G l i e d e r u n g des Stoffes der p r a k t i s c h e n V o l k s w i r t h s c h a f t s l e h r e von selbst gegeben. Wir scheiden consequent die Privatwirthschaft und die Staatswirthschaft, als Kunstlehren behandelt. In der Privatökonomie sind in Gemässheit des heutigen Zustandes der Wirthschaft die einzelnen Wirthschaftszweige vom Standpunkte des Unternehmers und der Privathaushalt in der gedachten Weise zu behandeln. Einzubeziehen sind hierbei auch solche Unternehmungen, welche zwar als öffentliche vom Staate geführt werden, aber, insoweit es sich um die innere ökonomische Gebahrung handelt, als Unternehmungen eben durchaus in Uebereinstimmung mit den Gesichtspunkten der Privatunternehmung vorgehen müssen und daher auch an letztere delegirt werden können. Es dürfte sich — *per parenthesim* bemerkt — empfehlen, für die Wirthschaftswissenschaft als Kunstlehre den Terminus Oekonomik zu brauchen: οἰκονομική sc. τέχνη, im Gegensatz zur Oekonomie = Theorie der ökonomischen Erscheinungen. In diesem Sinne würden wir dann eine Oekonomik der Urproduction nach ihren Zweigen, des Gewerbes, des Handels, der Speculation, des Bankwesens, des Transportwesens, des Versicherungswesens etc. besitzen: alles Theile der Oekonomik der Privatwirthschaft. Die Oekonomik der Collectivwirthschaft zerfiele in zwei Hauptgebiete: die wirthschaftliche Verwaltung und das Finanzwesen. Verwaltung in dem Sinne des Wortes, in welchem wir von einer eigenen Verwaltungslehre sprechen, d. i. der Lehre von der Concretisirung der Staatszwecke im Zusammenhange mit den dem Staate eigenthümlichen Mitteln zur Verwirklichung seiner Ziele; Finanz als die speciell auf Beschaffung der zur Bethätigung des Staates (im weitesten Sinne) erforderlichen Güter gerichtete Thätigkeit der den Privatwirthschaften zu diesem Behufe als eigene Zweckwirthschaft gegenübertretenden Gemeinwirthschaft.

Nachdem hiermit eine Auflösung der alten „Volkswirthschaftspolitik" in zwei Gebiete: die theoretische Staatswirthschaft und die Oekonomik der Staatswirthschaft, vollzogen erscheint, wird es wohl fraglich, ob der Terminus Volkswirthschaftspolitik noch zu conser-

viren ist. Eine Identificirung desselben mit der „wirthschaftlichen Verwaltung" ist nicht empfehlenswerth,
obschon wir im Vorangegangenen dem geläufigen
Sprachgebrauche in diesem Sinne zu folgen genöthigt
waren. Vielmehr wäre u. E. unter jener Bezeichnung
die ökonomische Seite der Politik im eigentlichen Ver-
stande des Wortes zu begreifen, welcher wieder eine
andere sociale Erscheinungsreihe umfasst. Wir verstehen nämlich unter P o l i t i k jene Lebensäusserungen
des Staates, welche auf das Bestehen und die Entwicklung desselben als solchen sich beziehen, ähnlich
wie etwa beim animalischen Körper eine Anzahl von
Lebensäusserungen wahrzunehmen ist, die lediglich dem
Aufbaue und der Erhaltung dieses organischen Ganzen
dienen. Jene Lebensäusserungen bestehen in der fortwährend Bildung von Machtübergewichten, die das
Constitutive des Staatslebens ausmachen und stets in
Beziehung auf die allgemeinen Staatszwecke vor sich
gehen, da sie ohne diese Beziehung lediglich nutz-
lose Kraftvergeudung darstellen würden.[3]) Es ist dies
ein steter Kampf zwischen verschiedenen Mächten,
materieller und geistiger Natur, die jeweilig in ein
Verhältniss der Ueber- und Unterordnung, in einen
Gleichgewichtszustand kommen, der dann durch Einzelne von ihnen gestört wird und durch erneueten
Kampf immer wieder hergestellt werden muss. Das
ruhelose Spiel dieser lebendigen Kräfte, dieser Macht-
factoren, durch welches der Staat als solcher existirt,
diese sociale Dynamik des Staatslebens nach innen und
aussen ist die Politik.

---

[3]) S c h ä f f l e : „Die Ausbildung und Bewahrung des Macht-
übergewichtes im Allgemeinen und ausschlaggebende Combination besonderer Machtübergewichte für die einzelnen Aufgaben und Zwecke
des Staates."

Die Wissenschaft, welche die bezüglichen Erscheinungen (als Theorie und als Kunstlehre) erfasst — derzeit leider ohne Vertretung an den österreichischen Universitäten — muss natürlich auch jene, so überaus machtvollen Factoren in's Auge fassen, die in den materiellen Interessen gegeben sind. So irrig uns die Ansicht erscheint, dass die politische Geschichte nichts anderes sei als die Geschichte von wirthschaftlichen Classenkämpfen und die ökonomischen Verhältnisse jeder Epoche die politischen Einrichtungen des betreffenden Zeitabschnittes ausschliesslich erklären, so bedeutsam ist doch die ökonomische Structur der Gesellschaft als reale Grundlage der jeweiligen Classen-Gliederung und -Mischung und als die Verursachung von concreten Machtverhältnissen, die in jenen Kämpfen zum Ausdruck gelangen. Die „Wirthschaftspolitik" stellt sich uns in diesem Ideengauge dar, nicht sowohl als ein aussonderbarer Theil der Politik (noch weniger als ökonomische Verwaltung), sondern als die Insaugefassung der wirthschaftlichen Momente in der Politik, so zwar, dass in ihr zu erörtern wäre, ob diese oder jene Massnahme der Staatsgewalt, welche wir in der theoretischen Staatswirthschaft als Fall einer allgemein charakterisirten und motivirten Staatsbethätigung auf ökonomischem Gebiete kennen lernen, in der ökonomischen Verwaltung dann in ihrer concreten Gestaltung nach Zwecksetzung und Mittel näher bestimmt sehen, politische Seiten aufweist und welche diese seien. So subtil ein solches Auseinanderhalten erscheinen mag: gleichwohl erblicken wir darin ein zweckmässiges Mittel voller Erfassung der so complicirten Erscheinungen des Staatslebens nach allen den Aspecten, welche sie bieten, und geben wir der Meinung Raum, dass Forschung und Lehre eben

dadurch zu gründlicher Klarheit zu gelangen vermögen.
Um unseren Gedanken durch Exemplification zu er-
erläutern, so erinnern wir an die politischen Seiten
des staatlichen Geldwesens, während das Wesen der
Münzung und der Währung in die theoretische Staatswirthschaft fällt, die Münz- und Währungsverwaltung
aber in der ökonomischen Kunstlehre zu behandeln
ist. Oder man denke in gleicher Weise an Schutzzoll
und Freihandel, Communicationen, Beeinflussung der
Grundbesitzverhältnisse, dann des Distributionsprocesses
(die jetzt in Aller Munde befindliche „Socialpolitik")
etc. Die alte Volkswirthschaftspolitik vermischt, ja
verwischt die verschiedenen Gesichtspunkte, welche
alle diese Einrichtungen darbieten. Etwas Anderes
wäre freilich eine Wiederzusammenfassung, nachdem
die gesonderten Disciplinen erst befriedigend ausgebaut
sein würden.

Dagegen kann es ganz angemessen erscheinen,
in einer Verwaltungslehre auch die ökonomische Verwaltung als integrirenden Theil zu behandeln. Dagegen wäre nicht nur nichts einzuwenden, sondern
es bietet solches wegen des Zusammenhanges mit den
übrigen Verwaltungszweigen und mit dem allgemeinen
Theile der Disciplin besondere Vortheile. In dem Falle
bleibt die Finanzwissenschaft als gesonderte Kunstlehre
bestehen und muss zum Behufe dieser selbständigen
Stellung aus der allgemeinen Verwaltungslehre Ein-
zelnes herbeiziehen.

VIII.

Fügen wir dem bisnun Angeführten noch die Pflege der Geschichte und Statistik der ökonomischen Erscheinungen als eines gleichberechtigten, selbständigen Gliedes unserer Wissenschaft hinzu, so haben wir einen Ueberblick der Aufgaben gewonnen, welche der Forschung in der Nationalökonomie auf Basis des socialwissenschaftlichen Standpunktes und im Zusammenhange mit den allgemeinen Erkenntnissen der socialen Erscheinungen gestellt sind. Diese verschiedenen Richtungen der wissenschaftlichen Thätigkeit bedingen und stützen sich gegenseitig. Ohne Theorie sind die einzelnen Erscheinungen geschichtlich, resp. statistisch nicht mit über die Erkenntniss concreter Thatsachen hinausreichendem Nutzen zu erfassen, und Geschichte und Statistik liefern wieder ihrerseits der Theorie den Stoff zur Ergänzung desjenigen Beobachtungsmateriales, welches der Forscher dem Kreise seines persönlichen Erlebens entnimmt, sowie zur Gewinnung von exacten Entwicklungs- und von empirischen Gesetzen. Das Verhältniss der unterschiedenen Seiten des nationalökonomischen Wissens stellt sich so dar als das einer arbeitstheiligen geistigen Cooperation, ein Verhältniss, welches wohl eigentlich niemals verkannt, sondern nur vorübergehend einseitig getrübt wurde. Daran werden die berufsmässigen Vertreter des Faches im Interesse der Wissenschaft, deren Dienst sie ihr Leben gewidmet, fortan einmüthig festzuhalten haben.

Wird man es als überflüssig ansehen, wenn wir zum Abschlusse mit ein paar Worten des Zusammenhanges gedenken, in welchem die Forschung mit der Lehre und dem Leben steht, rücksichtlich der Förderung, die daraus für die Wissenschaft und gleichmässige Ausbildung ihrer Zweige zu gewinnen ist?

In dieser Hinsicht möchten wir zuvörderst eine nicht vollauf entsprechende Vertretung der Nationalökonomie an den Hochschulen behaupten. Bei dem derzeitigen Stande der Wissenschaft, angesichts sowohl der bereits aufgehäuften Stoffesfülle, als der noch zu leistenden Arbeit, nimmt jede Richtung der Forschung für sich die Kraft Eines Mannes ganz in Anspruch und es erscheint daher als eine Voraussetzung gedeihlicher Weiterentwickelung, dass dieser Arbeitstheilung der Forschung auch eine gleiche Arbeitstheilung in der Lehre nachfolge. Sonst übertragen sich die unvermeidlichen Einseitigkeiten, welche die Pflege Einer bestimmten Richtung mit sich bringt, auf diejenigen, die nur die Resultate der wissenschaftlichen Arbeit in sich aufzunehmen und im praktischen Leben nutzbar zu machen haben. Jene Anforderung wäre zu erfüllen, indem eine reichere und specialisirte Vertretung der ökonomischen Wissenschaft an den Hochschulen Platz griffe. Werfen wir einen Blick auf andere Fächer; z. B. — um von den Naturwissenschaften ganz abzusehen — die Historie. Da finden wir eine Arbeitstheilung zwischen den Forschern und Lehrern der alten Geschichte, der Geschichte des Mittelalters und der neueren Geschichte, daneben mitunter eine besondere

7*

Repräsentanz der Hilfswissenschaften und der Special-Geschichte (vaterländischen Geschichte). Nur ein hervorragend veranlagter Geist vermag heutzutage im Zenithe eines langen, arbeitsamen Lebens die allgemeine Geschichte schöpferisch zu beherrschen. Wie anders ist Forschung und Lehre bei der Volkswirthschaft zu arbeiten genöthigt. Hier ist jeder Vertreter des Faches gehalten, das ganze Gebiet zu pflegen; er muss die Theorie cultiviren, dann die praktische Volkswirthschaft (an den Universitäten die Volkswirthschaftspflege und Finanzwissenschaft), zuweilen ist ihm auch noch Wirthschaftsgeschichte oder die Statistik — u. zw. in Deutschland nicht blos die der wirthschaftlichen Erscheinungen — anvertraut, oder, wie in Oesterreich, die allgemeine Verwaltungslehre. Wir meinen, diese Lage der Dinge steht mit den Postulaten wissenschaftlicher Arbeitstheilung, wie solche auf anderen Gebieten längst als selbstverständliche Sache angesehen wird, in einem Widerspruche, der ein nicht zu unterschätzendes Hinderniss eines rascheren Fortschreitens unserer Wissenschaft abgibt. Unsere Aufgaben heischen die Specialisirung; wir sind eben bereits in dem Entwicklungsstadium angelangt, in welchem verschiedene Richtungen der Bearbeitung eines ehedem einheitlichen Gebietes sich in eben so viele Zweige des betreffenden Wissensgebietes spalten.

Der Einwand, welcher etwa von den mit jeder Specialisirung verbundenen Mängeln hergeholt werden wollte, hält nicht Stich. Denn einerseits ist als selbstverständlich vorausgesetzt, dass das selbstschöpferische Arbeiten in einem Zweige von continuirlicher Reception des in den anderen Geleisteten begleitet und gefördert werde, und andererseits erstehen von Zeit zu

Zeit immer wieder gewaltige Geister, die mit der
Macht des gottbegnadeten Genies das Band um die
blosgelegten Theile schlingen und die innere Einheit
des massenhaften Details zu allseitig-umfassender Erkenntniss entwickeln. Ohne jene Arbeitsgliederung
verpuffen solche Naturen — es fehlt nicht an Bei-
spielen dafür — ihre Anlage in kühnen Constructionen,
die, immer genial und anregend, häufig auch mit fast
naiver Anschauung überraschende Wahrheiten ent-
hüllend, meistentheils doch nur ein Zerrbild der Dinge
bieten und dadurch im Endergebnisse der Wissenschaft
vielleicht mehr schaden als nützen, und minder „vor-
gezogene Geister" vermögen nicht jenen Nutzen zu
stiften, den sie als dienendes Glied eines grösseren
Ganzen zu leisten im Stande sind. Der Umstand, wie
in einer entsprechend durchgeführten Arbeitstheilung
jedwede Qualification zur vollen Ausnützung gelangt
und so zu dem höchstmöglichen Gesammteffecte bei-
trägt, sollte gerade von der Nationalökonomie nicht nur
als Lehrsatz deducirt, sondern auch in der eigenen
geistigen Arbeit systematisch practicirt werden.

Müssig wäre es, hier den Plan einer solchen
vollständigen, specialisirten Vertretung der Wirthschaftswissenschaft an den Universitäten — etwa im
Kreise der gesammten Socialwissenschaften an einer
staatswissenschaftlichen Facultät — entwerfen zu
wollen. Dergleichen muss unmittelbar aus dem wissenschaftlichen Bedürfnisse von selbst hervorgehen, und
es genügt, dass nur erst das Bedürfniss gehörig erkannt und zum Ausdrucke gelangt ist.

Was insbesondere die Privatökonomik betrifft,
welche weniger an den Universitäten als vornehmlich
an den fachlichen Hochschulen ihre Heimstätte haben

sollte [1]), so möchten wir — im Gegensatze zu einer
bei Vertretern der reinen Theorie zuweilen zu be-
merkenden Gringschätzung — den grossen Werth
betonen, welchen für entsprechende Ausbildung derselben die durch praktische Bethätigung im wirthschaftlichen Leben erworbene Kenntniss des letzteren
besitzt. Wenn die Beobachtung der ökonomischen Vorgänge das Substrat der Wissenschaft abgibt, so ist
es doch unstreitig, wie sehr die aus dem eigenen Er-
leben geschöpfte Anschauung und Erfahrung den
Forscher fördern muss, wenn er als Producent oder
mitarbeitendes Organ in einem Erwerbgeschäfte in der
Lage gewesen ist, die Details des betreffenden Zweiges
kennen zu lernen. Ja, die Förderung reicht unter Umständen über das Gebiet der Kunstlehre hinaus; man
erinnere sich nur der epochemachenden theoretischen
Leistungen, welche unsere Wissenschaft auch Prak-
tikern verdankt.

Den gleichen Nutzen möchten wir hinsichtlich
der Staatswirthschaft einer activen Betheiligung ihrer
Pfleger an dem öffentlichen Leben (der Politik in
diesem Sinne) zuschreiben. Nur erstehen hieraus der
Wissenschaft eigenthümliche Gefahren, welche vielleicht leichter zu erkennen als zu vermeiden sind. Es
gibt nichts Absorbirenderes als die Politik; sie bannt
die Auffassung und Denkweise mit Macht in ihre Bahnen.
Eine Wissenschaft, welche sich an die Politik anlehnt,
geräth in die Gefahr bedenklicher Einseitigkeit; Partei-
politik wird nur zu leicht mit parteiloser Wissenschaft
verwechselt und dominirende Tagesfragen schwächen

---

[1]) Vgl. über die verschiedenen Zweige der privatwirthschaftlichen Kunstlehren als Gegenstände des Lehrprogrammes für technische Hochschulen S a x , „Oekonomik der Eisenbahnen“, 1871, S. 8 ff.

die Unbefangenheit, ja selbst das Interesse für gleichmässige Pflege aller Richtungen und Zweige der
Wissenschaft, wie das eben derzeit in Deutschland hie
und da mit der „Wirthschafts- und Socialpolitik des
Reichskanzlers" der Fall zu sein scheint. Es gehört
ein bedeutendes Mass von Selbstzucht des Geistes und
Charakters dazu, diese Klippen zu vermeiden. Dessen-
ungeachtet ist doch gerade für unsere Wissenschaft
der Contact mit dem pulsirenden Leben der Zeit um
keinen Preis zu missen. Thöricht wäre es, den frischen
Born der Anregung zu verkennen, welcher hier für
sie sprudelt.[1] Nur ist von den Forschern und Lehrern
zu verlangen, dass sie ihre wissenschaftliche und ihre
politische Wirksamkeit auseinander zu halten wissen
und in Wort und Schrift streng die Grenze zwischen
beiden Gebieten ziehen. So vermag die Wissenschaft
auch der Politik heimzuzahlen, was sie von ihr em-

---

[1] „Der englische Forscher W h e w e l hat behauptet, dass zur
Entwicklung der Naturwissenschaft zwei Factoren zusammenwirken
müssten: Ideen und Beobachtungen. Ideen allein verflüchtigen sich
zur Speculation, Beobachtungen allein liefern kein organisches Wissen.
In der That sehen wir, wie es auf die Fähigkeit ankommt, vor-
handene Ideen neuen Beobachtungen anzupassen. Zu grosse Nach-
giebigkeit gegen jede neue Thatsache lässt gar keine feste Denk-
gewohnheit aufkommen. Zu starre Denkgewohnheiten werden der
freien Beobachtung hinderlich. Im Kampfe, im Compromiss des Ur-
theiles mit dem Vorurtheile (d. h. gewohntem Urtheil, ohne vorausgegangene Prüfung auf einen neuen Fall angewandt) wächst unsere
Einsicht" (M a c h, Ueber Umbildung und Anpassung im naturwissen-
schaftlichen Denken, Rectoratsrede, 1884). Gilt dies nicht auch in
eminentem Masse von der Socialwissenschaft, insbesondere der Volkswirthschaft? Wo entspinnt sich der Kampf der alten Anschauungen
mit neuen Thatsachen härter als im drängenden Getriebe des öffentlichen
Lebens? Und wo wird der Mann der Wissenschaft in diesem Kampf
unmittelbarer verflochten: in der Studirstube oder auf der Tribüne
(im weitesten Sinne des Wortes)?

pfängt: indem sie ihr zur Stütze und zur Leuchte
wird. Doch wehe, wenn sie sich erniedrigt, ihre
Dienerin zu werden!

Wird dieses offene Wort über die äusseren Bedingungen gedeihlicher Lösung unserer Aufgaben
„einen guten Ort" finden? Wir hoffen es in dem Sinne,
in welchem überhaupt die Würdigung von Ausführungen wie die vorliegenden — in ihrer gesammten
Ausdehnung — zu erwünschter Aufnahme derselben
führen kann: wenn ihre Bedeutung vielleicht weniger
in dem gefunden wird, was sie bieten, als in dem, was
sie anregen.